Praxis Buch

Aufmerksamkeits-training

- ADS – Hintergründe und Ursachen
- Spiele, Übungen und Arbeitsblätter für alle Altersstufen
- CD mit Arbeitsblättern als PDF

Monika Brunsting

Redaktion:
Ursula Thüler

SCHUBI®

Die Rechtschreibung dieses Werkes entspricht der Neuregelung von 2006.

Bei Personenangaben haben wir aus Gründen des Lesbarkeit manchmal nur die männliche oder nur die weibliche Form verwendet. Selbstverständlich sind stets die weibliche und die männliche Person in gleichberechtigter Weise gemeint.

CH-8207 Schaffhausen

service@schubi.com
www.schubi.com

2. Auflage 2009

ISBN 978-3-89891-306-5

No 380 00

Vorwort

Philipp hat Lernschwierigkeiten. Deshalb kommt er in die Therapie. Er hat während der letzten Woche in seinem Lerntagebuch seine Arbeitszeiten notiert. Nun will er es mir zeigen. Er reißt seinen Rucksack auf und beginnt auszuräumen: Eine blaue Sichtmappe fliegt auf den Tisch, ein Französischbuch, Schreibzeug, eine Fächermappe. „Da ist es nicht!", murmelt er bald. Er wühlt weiter, emsig, motiviert und fröhlich. Schließlich ist alles durchwühlt: Das Tagebuch ist nicht zum Vorschein gekommen, aber dafür ein völlig zerknittertes Blatt. „Ach ja, ich habe das Tagebuch nicht gefunden und meinen Eintrag diesmal auf ein Blatt geschrieben. Hier!", strahlt er mich an. Ich staune: „Die Schlacht von Bibracte ...", steht da – und das andere Blatt liegt wohl irgendwo, vielleicht zu Hause, vielleicht in der Schule.

Jeder Mensch hat hie und da Schwierigkeiten mit seiner Aufmerksamkeit. Es gibt Momente höchster Aufmerksamkeit und Konzentration – und es gibt Zeiten, in denen wir es nicht schaffen, aufmerksam und konzentriert zu sein. Sind wir deswegen gleich aufmerksamkeitsgestört? Vielleicht könnten wir konzentriert sein, wenn wir dies nur wirklich fest wollten. Aber wollen wir denn überhaupt immer aufmerksam sein? Wird rund um die Aufmerksamkeit und um Aufmerksamkeitsprobleme wie das ADS nicht viel Lärm um wenig gemacht?

Das sind Fragen, die einem vielleicht durch den Kopf gehen können. Das sind aber auch Fragen, denen wir im Zusammenhang mit Kindern und Jugendlichen mit Lernschwierigkeiten immer wieder begegnen.

Tatsache ist: Es gibt mehr und mehr Menschen mit Aufmerksamkeitsproblemen. Menschen, die selbst, wenn sie es wollen, nicht aufmerksam sein können. Menschen, die damit vielleicht sogar ihr Leben oder das Leben anderer aufs Spiel setzen. Menschen, die Wichtiges verpassen oder nicht bemerken, nicht lernen. Möchten wir uns vorstellen, unser Sohn sitze so in der Schule, dass er nichts mitbekommt oder unsere sechzehnjährige Tochter sei bei ihren nächtlichen Freizeitabenteuern unaufmerksam? Wohl kaum – wir möchten aufmerksame Söhne und Töchter, aufmerksame Schülerinnen und Schüler – und wir selbst sind (nicht nur beim Autofahren!) auch gern in diesem Zustand. Aber wenn wir nicht Sorge tragen, sind wir allesamt auf dem Weg zu einer unaufmerksamen Gesellschaft. Dann sind die Piloten unaufmerksam, die Chirurgen, die Schreiner und die Köche. Das sollte nicht sein und das muss es auch nicht. Denn dann möchte ich nicht mehr fliegen oder krank werden ...

Was ist eine Aufmerksamkeitsstörung und was nicht? In den letzten Jahren ist in den Neurowissenschaften viel Zeit und Energie eingesetzt worden, um das Hirn und seine Funktionen zu erfassen. Mit den neuen Technologien (den bildgebenden Verfahren) lässt sich das Gehirn bei vielen Tätigkeiten in Aktion beobachten. Man hat festgestellt, dass es sich lebenslang verändert und nach der Pubertät keineswegs vollständig entwickelt ist. Jedes Lernen verändert die Schaltkreise, neue Netze von Nervenzellen werden geknüpft. Diese Forschungsergebnisse können wir nutzen für unseren beruflichen und privaten Alltag. Das ist das Ziel dieses Buches. Wenn Sie dieses Buch gelesen haben, wird es in Ihrem Kopf anders aussehen als jetzt!

Monika Brunsting

Inhalt mit Arbeitsblätterverzeichnis

Im Buch sind die Arbeitsblätter am Ende jedes Kapitels verkleinert abgebildet.

Auf der CD-ROM, die dem Buch beiliegt, finden Sie folgende Dokumente als PDF-Dateien zum Ausdrucken:

Teil A Arbeitsblätter
Teil B Arbeitsblätter
Teil C Merkblätter
Teil D Punktesammelbogen – Protokollblätter – Diplome

Zusätzlich finden Sie auf der CD-ROM den Elternbrief und alle Diplome als Word-Dateien zum Weiterbearbeiten.

EINFÜHRUNG FÜR ERWACHSENE 8

EINFÜHRUNG FÜR KINDER UND JUGENDLICHE .. 11

WAS EIN AUFMERKSAMKEITS-DEFIZIT-SYNDROM (ADS) IST UND WAS NICHT 12

TEIL A – TRAINIEREN DES ARBEITSSPEICHERS 17

A1 Achtung aufgepasst – so aufmerksam bin ich 18

A1-1 So aufmerksam bin ich
A1-2a/b Spiel 1: Achtung, aufgepasst!
A1-3a/b Spiel 2: Hör gut zu!
A1-4a/b Achtung, aufgepasst! – Wir spielen zu Hause
A1-5 Aufmerksamkeit kann Leben retten

A2 Buchstabenreihen 22

A2-1 Buchstabenreihen 1
A2-2 Buchstabenreihen 2
A2-3 Buchstabenreihen 3
A2-4 Meine Buchstabenreihen

A3 Wörterreihen 25

Wörterreihen 1: Wortfelder – semantischer Aspekt 27
Wörterreihen 2: Finde den Oberbegriff – semantischer Aspekt 28
Wörterreihen 3: Gleiche und verschiedene Laute – phonematischer Aspekt 29
Wörterreihen 4: Nomen, Verben, Adjektive – grammatischer Aspekt 31
Wörterreihen 5: Wortfamilien – morphematischer Aspekt 32

A3-1 Protokollblatt für Wörterreihen mit 3 Wörtern
A3-2 Protokollblatt für Wörterreihen mit 4 Wörtern
A3-3 Protokollblatt für Wörterreihen mit 5 Wörtern
A3-4 Protokollblatt für Wörterreihen mit 6 Wörtern
A3-5 Protokollblatt für Gedächtniskünstler (7 Wörter)
A3-6 Meine Wörterreihen
A3-7 ABC-Spiel

A4 Texte **35**

Vorgegebene Texte zu Fragen beantworten 35
Eigene Fragen zu Texten formulieren 35
Fragen zu Texten mit Hilfe von Stichwörtern beantworten 35
Texte zum Merken in der Wochenplan- oder Werkstattarbeit 36
Wörter oder Silben zählen 36
Geschichten für Lügendetektive 36

A4-1a/b Cheyennenkinder
A4-2a/b Cheyennenbabys
A4-3a/b Mit dem Pferd auf Büffeljagd
A4-4a/b Die Macht der Geister
A4-5a/b Des Kaisers neue Kleider
A4-6a/b Des Kaisers neue Kleider (Lügengeschichte)
A4-7a/b Georg der Drachentöter
A4-8a/b Vom Pagen zum Ritter
A4-9a/b Die Ausrüstung eines Ritters

A4-10a/b Lebensretter
A4-11a/b Ein kleiner Ausreißer
A4-12a/b Der Reiter vom Bodensee
A4-13a/b Absoluter Geschwindigkeitsrekord
A4-14a/b Schneller als jeder Olympiasprinter
A4-15a/b Das schnellste Landtier der Welt
A4-16 Meine Fragen zu ...

A5 Bilder **44**

Klassenspiel mit Hellraumprojektion – Bildelemente zeigen und benennen 42
Gruppenspiel mit eigenen Aufgaben – Bildelemente zeigen und benennen 43
Klassenspiel: Bildelemente zeichnen 43

A5-1 Guten Morgen (Bildergeschichte)
A5-2 Ein gutes Vorbild? (Bildergeschichte)
A5-3 Verwechselte Geschenke (Bildergeschichte)
A5-4 Was braucht ein Tier zum Leben? (Bildergeschichte)
A5-5 Bilder – Protokollblatt für 4 Elemente
A5-6 Bilder – Protokollblatt für 5 Elemente
A5-7 Bilder – Protokollblatt für 6 Elemente
A5-8 Bilder – Protokollblatt für 7 Elemente

A6 Zahlenreihen **46**

A6-1 Zahlenreihen 1
A6-2 Zahlenreihen 2
A6-3 Zahlenreihen 3
A6-4 Meine Zahlenreihen

A7 Buchstaben- und Zahlengruppen **49**

A7-1 Buchstabengruppen 1
A7-2 Buchstabengruppen 2
A7-3 Buchstabengruppen 3
A7-4 Zahlengruppen

A8 Reihenfolgen – Logische Folgen **51**

A8-1 Wie gehen die Zahlenreihen weiter?
A8-2 Zahlenreihen für Tüftler
A8-3 Wie gehen die Buchstabenreihen weiter? 1
A8-4 Wie gehen die Buchstabenreihen weiter? 2
A8-5 Wie lauten die fehlenden Wörter? 1
A8-6 Wie lauten die fehlenden Wörter? 2
A8-7 Wie gehen die Reihen weiter?
A8-8 Meine Reihen

Lösungen:
A8-1 Wie gehen die Zahlenreihen weiter? (Lösungen)
A8-2 Zahlenreihen für Tüftler (Lösungen)
A8-3 Wie gehen die Buchstabenreihen weiter? 1 (Lösungen)
A8-4 Wie gehen die Buchstabenreihen weiter? 2 (Lösungen)
A8-5 Wie lauten die fehlenden Wörter? 1 (Lösungen)
A8-6 Wie lauten die fehlenden Wörter? 2 (Lösungen)
A8-7 Wie gehen die Reihen weiter? (Lösungen)

A9 Fragen für dich, für mich, für uns **56**

A9-1 Wer hat dich heute am schönsten angelächelt?
A9-2 Was war das Beste, was du heute gegessen hast?
A9-3 Was ist das Schönste, was du heute gesehen hast?
A9-4 Wo hast du dich heute wohlgefühlt?
A9-5 Was hat dir heute besonders gut getan?
A9-6 Ein Junge/ein Mädchen ist traurig. Warum wohl?
A9-7 Was ist dir heute gut gelungen?
A9-8 Welche drei Dinge haben mich heute gefreut?

B SPIELE ZUM TRAINING VON AUFMERKSAMKEIT 59

B1 Geschichten zum Knobeln **60**

Knobelgeschichten 60
Gesucht wird 61
Blitzgeschichten 61
Fehlergeschichten 62
Kapitänsgeschichten 63
Knacknüsse und Denksportaufgaben 63
Rechenaufgaben 65
Scherzfragen 66

B1-1 Scherzfragen 1
B1-2 Scherzfragen 2
B1-3 Scherzfragen 3
B1-4 Scherzfragen 4

B2 Spiele zur Konzentration **69**

Stille Post 69
E-Mail schicken 69
Verhexte 4 69
„Ich sehe was, was ihr nicht seht!“ 69
Kimspiel 70
Koffer packen 70
Länger und länger 70
„Stille Minute“ 70
Was tönt denn da? 70
Lebendes Denkmal 71

B3 Übungen zur Entspannung **72**

Progressive Muskelentspannung 72
Fantasiereisen 72
Klopfmassagen 73
Überkreuzbewegungen 74
Die liegende Acht 74
Schüttle dich! 74

B4 Spiele zum Zuhören **75**

Gedanken lesen 75
Asterix mag Suppe 75
Lauter Fragen! 76

B5 Spiele mit Wörtern **78**

Für schlaue Denker 78
Feder auf dem Hut 78
Schmuggelgut 79
Wo ist der Sohn? 80
Was essen wir heute? 80
Wörterdomino 80
Was tust du mit...? 81
Gut gesucht ist halb gewonnen! 81
Wer findet den Oberbegriff? 81

B6 Spiele mit Witzen **84**

B6-1 Lachen ist gesund 1
B6-2 Lachen ist gesund 2
B6-3 Lachen ist gesund 3
B6-4 Lachen ist gesund 4

B7 Bewegungsspiele **86**

Fische im Teich 86
Alle Vögel fliegen auf! 86
Klatschball 86
Streichholzduell 87
Hahnenkampf 87
Fußkonzert 87
Bewegungskim 87
Blinder Brückenwächter 88
Indianer auf Schleichpfad 88
Ochs am Berg 88
Eine Ente mit zwei Beinen 88
Ich heiße Lena und ich mach so! 88
Kommando Pimpernell 89
Magische Zahl 89
Zipp-Zapp 89

B6-1 Lachen ist gesund 1
B6-2 Lachen ist gesund 2
B6-3 Lachen ist gesund 3
B6-4 Lachen ist gesund 4

C EINBEZIEHEN DER ELTERN – MERKBLÄTTER ... **90**

C1 Brief an die Eltern 92
C2 Aufmerksamkeit und Lernen 93
C3 Voraussetzungen für das Lernen 94
C4 Die Bedeutung der Sinneserfahrungen . 95
C5 Ruherituale 96
C6 Aufmerksamkeit, Lernen und Gedächtnis 96
C7 Gut organisiert ist halb gelernt 98
C8a/b Die Lernumgebung gestalten 99
C9a/b Sich motivieren – sich überwinden – sich steuern 101
C10a/b Mit TV und Bildschirm leben lernen 103
C11a/b Eine Geschichte, die das Leben schrieb . 105
C12a/b Ich habe keine Lust 107
C9 Wie baue ich meine Aufmerksamkeit auf 109

D PUNKTESAMMELBOGEN, PROTOKOLLBLÄTTER, DIPLOME **110**

Punktesammelbogen 1
Punktesammelbogen 2
Punktesammelbogen 3
Punktesammelbogen 4
Protokollblatt 1 (für 1 Spieler / Spielerin)
Protokollblatt 2(für 2 Spieler / Spielerinnen)
Aufmerksamkeitsdiplom Level 1
Aufmerksamkeitsdiplom Level 2
Aufmerksamkeitsdiplom Level 3
Zertifikat als Aufmerksamkeitsexperte

Quellenverzeichnis **114**

Einführung für Erwachsene

In den letzten Jahren mehren sich die Stimmen, die von einer grassierenden Zunahme der Aufmerksamkeitsstörungen sprechen. Selbst wenn nicht alle Menschen mit gestörter Aufmerksamkeit gleich ein AD(H)S haben, so scheint doch klar, dass viele Mühe haben, sich für längere Zeit auf etwas einzustellen, das sie vielleicht nicht allzu sehr interessiert. Dies gilt für viele schulische Inhalte und für viele Schülerinnen und Schüler. Es gilt aber ebenso für unzählige Erwachsene.

Sicherlich sind dafür gesellschaftliche Umstände mitverantwortlich: Arbeitnehmende müssen so flexibel wie möglich sein und Arbeitsort und Tätigkeit bei Bedarf ständig verändern. Aber „technologisch" bedingte Faktoren spielen ebenfalls eine große Rolle: je mehr der Daumen über Fernbedienung oder Handy zappt, desto mehr Mühe macht es uns, ruhig an einem Gedanken zu bleiben. So wird uns die Aufmerksamkeit mehr und mehr abhanden kommen. Es gilt, sie zu hegen und zu pflegen wie einen schönen Garten.

Wenn nicht noch mehr Menschen ein ADS entwickeln sollen, wird es bald zu den Aufgaben der Schule gehören, die Lernenden und ihre Eltern darüber zu informieren und ihnen Wege aufzuzeigen, wie man die Aufmerksamkeit pflegen kann.

Das „Praxisbuch Aufmerksamkeitstraining" stellt Werkzeug bereit, mit dem auf verschiedenen Stufen (vom Schul- bis zum Erwachsenenalter) und an verschiedenen Orten (in Schule und Familie) an der Aufmerksamkeit gearbeitet werden kann.

Das Material wurde auf dem Hintergrund vieler Forschungsarbeiten zum Thema Lernen entwickelt. Die langjährige Arbeit mit Lernenden vom Kindergarten- bis zum Rentenalter, in Schulen, Hochschulen und Universitäten und die eigenen Erfahrungen der Autorin als Lernende zeigten, dass Aufmerksamkeit etwas ganz Elementares beim Lernen ist. So wurde in intensiver Arbeit mit Kindern und Jugendlichen mit Aufmerksamkeitsproblemen nach Möglichkeiten und Wegen gesucht, wie Defizite in diesem Bereich angegangen werden können.
Solche Möglichkeiten wurden in diesem Buch zusammengetragen und so aufbereitet, dass sie im Klassen-, im Gruppen- und meist auch im Einzelunterricht einsetzbar sind. Die vorgeschlagenen Übungs- und Spielanleitungen richten sich demnach gleichermaßen an Eltern, Erzieherinnen, Lehrpersonen, Heilpädagoginnen, Lerntherapeuten oder Psychologen.

Viele Spielmöglichkeiten sind exemplarisch zu verstehen: Sie können beliebig erweitert und mit analogen eigenen Inhalten gefüllt werden und lassen sich immer wieder den aktuellen Bedürfnissen anpassen.

Eigene Varianten zu erfinden, ist sehr motivierend und erleichtert das Lernen. Es hat sich nämlich gezeigt, dass bei den meisten Trainings der Transfer ein Problem ist. Das heißt, man lernt schnell, in einem Training etwas richtig zu machen, hat aber Mühe, das Gelernte auf reale Situationen zu übertragen. Dies gelingt leichter, wenn die Lernenden den Bezug zu ihrem Leben und Lernen sehen, wenn sie aktiv mitdenken und selbstständig suchen können. Transfermöglichkeiten für ihre Lernwelt finden nur sie selbst – und sie finden sie nur, wenn man sie anleitet, diese zu suchen.

Das vorliegende Aufmerksamkeitstraining besteht aus drei Teilen:

Teil A enthält Trainingsspiele, die vor allem den Arbeitsspeicher trainieren. Hier kann man Punkte sammeln und sich zum Gipfel der Aufmerksamkeit vorantrainieren.

Teil B umfasst eine umfangreiche Sammlung von Spielen zu verschiedenen Formen der Aufmerksamkeit. Hier kann man gewinnen, verlieren, aus dem Spiel fallen und Punkte gewinnen.

Teil C stellt Informationsmaterialien für Elternabende und Elternkurse vor. Hier sind in knapper, übersichtlicher Form die wichtigsten Themen rund um die Förderung von Aufmerksamkeit dargestellt.

Teil D umfasst Vorlagen für Punktesammelbogen, Lerntagebücher und verschiedene Diplome.

Die Übungs- und Spielangebote eignen sich für Schülerinnen und Schüler ab ca. dem zweiten Schuljahr und ihre Familien. Da man flexibel damit umgehen kann, ist es sowohl für Kinder wie auch für Jugendliche und Erwachsene nützlich. Lehrpersonen und Eltern können ganz einfach mittrainieren. Alle werden staunen, wie gut ihnen das tut!

Ziele und Wege des Aufmerksamkeitstrainings

Das Kernstück der Arbeit mit diesem Buch ist das Training des Arbeitsgedächtnisses. Dieses speichert wenige Elemente für ganz kurze Zeit. Was man für längere Zeit behalten will, muss man weiter festigen. Das Arbeitsgedächtnis ist für die Aufmerksamkeit ganz zentral: Je mehr Platz das Arbeitsgedächtnis hat, desto mehr können wir aufmerksam verfolgen und uns merken.

Das Arbeitsgedächtnis wird oft mit einem Notizblock verglichen. Es gilt die Faustregel „7±2“: Bei praktisch allen Menschen haben 7 Elemente Platz. Ganz gute Notizblöcke nehmen bis 9 Elemente auf, schwache manchmal nur bis 5. Diese kleinen Unterschiede haben riesige Auswirkungen. Es lohnt sich deshalb, das Arbeitsgedächtnis zu trainieren. Denn unser „Notizblock“ wird besser, wenn man ihn mehr braucht!

Ziel der vorgeschlagenen Trainingsspiele ist es, dem Gehirn oft und kurz Gelegenheit zu geben, sich auf Aufmerksamkeit und Konzentration einzustellen. Es soll lernen, diesen Zustand mit verschiedenen Mitteln herzustellen. Dem einen hilft eine kurze mentale Übung (wie sich ein paar Wörter zu merken), dem andern hilft ein Bild aus einer Fantasiereise, dem Dritten hilft es, sich kurz zu bewegen. Es gehört zu den Zielen des Aufmerksamkeitstrainings, die Lernenden erfahren zu lassen, was ihnen hilft und ihnen Mittel in die Hand zu geben, die sie bei Bedarf einsetzen können.
Dafür ist es nötig, genügend Zeit für die Einführung einzusetzen, damit die durchgeführten Spiele oder Übungsformen „sitzen“. Später sollten wenige Minuten genügen. Es ist besser, mehrmals täglich kurze Sequenzen einzubauen als einmal eine halbe Stunde! Fast alle Spiele lassen sich abwandeln und mehrmals spielen.

Viele Spiele können zu Hause gespielt werden. Die meisten sind auch für Erwachsene oder ältere Geschwister sehr nützlich. Älter zu sein heißt – ähnlich wie beim Memoryspiel – ganz und gar nicht, das Spiel sicher zu gewinnen. Es tut auch erwachsenen Gehirnen gut, immer wieder zu trainieren. Zudem bedeutet Mitspielen Information der Eltern. Diese sind ja in der Regel keine Aufmerksamkeitsexperten. Sie können aber mit wenig Aufwand (für sich selbst und für die Schule!) dazulernen. Vergessen wir nicht: Aufmerksam sein zu können, ist eine der wichtigsten Lernaufgaben – für die ganze Familie! Wenn wir wollen, dass sich das Aufmerksamkeitsverhalten verbessert, müssen wir versuchen, das ganze Umfeld zu motivieren. Eltern sind neben der Schule die wichtigsten Partner beim Erwerben der Aufmerksamkeit. Für Eltern ist das eigene Aufmerksamkeitstraining eine gute Möglichkeit, um mental fit zu bleiben.

Die Spielerinnen und Spieler notieren, mit wem und mit welchem Ausgang sie gespielt haben. Sie tragen die Ergebnisse in ihre Protokollblätter (in den einzelnen Kapiteln und in Teil D) ein und tauschen diese gegen Aufmerksamkeitspunkte um. Die Punkte, die sie in Spielen und Trainings in der Schule erobern, werden dazugezählt. Ziel ist es, den „Gipfel der Aufmerksamkeit“ zu erklimmen und das „Zertifikat als Aufmerksamkeitsexperte“ zu bekommen. Verteilen Sie großzügig Punkte – damit unterstützen und motivieren Sie die Kinder und Jugendlichen. Decken Sie sich mit genügend bunten Klebepunkten ein und lassen Sie Schülerinnen und Schüler ihre Punkte auf ihren Sammelbogen übertragen.

Wenn Sie nun mit Ihrer Familie oder Ihrer Klasse Aufmerksamkeit trainieren wollen, können Sie eigentlich an jeder Ecke anfangen. Jedes Training und jedes Spiel trainiert auf eine etwas andere Art und Weise.

Sie werden beim Durchblättern sicherlich das eine oder andere Spiel entdecken, das Ihnen aus Ihren Kindertagen bekannt vorkommt. Vielleicht hatten Sie es vergessen und wundern sich jetzt, dass das für die Entwicklung der Aufmerksamkeit gut sein soll. Vielleicht fallen Ihnen sogar viele andere Spiele ein, die in eine ähnliche Richtung gehen. Nutzen Sie Ihr Wissen und geben Sie es weiter.

Im Idealfall spielen die Kinder die Spiele auch zu Hause. Lassen Sie sie die Ergebnisse mitbringen und verteilen Sie auch dafür großzügig Punkte.

Hinweis für Lehrpersonen: Beziehen Sie die Eltern mit ein. Dazu können Sie die Merkblätter in Teil C benutzen. Sie können diese an Elternabenden verteilen oder nach Hause mitgeben und visieren lassen. So erhalten Sie auf einfache Weise den Überblick, welchen Beitrag die Eltern leisten. Versuchen Sie, desinteressierte Eltern für das Aufmerksamkeitstraining zu gewinnen. Es lohnt sich für alle.

Da die meisten Menschen mit ihrer Aufmerksamkeit besonders Schwierigkeiten haben, wenn es um nur Gehörtes geht, bietet dieses Buch vorwiegend Material, das dieser Problematik Rechnung trägt.

Nun soll es losgehen! Machen wir uns zusammen auf den Weg zum „Gipfel der Aufmerksamkeit"!

Einführung für Kinder und Jugendliche

Alle Menschen – Kinder, Jugendliche und Erwachsene! – haben hie und da Schwierigkeiten mit der Aufmerksamkeit. Dann gibt es aber auch Menschen, denen es nie gelingt, aufmerksam zu sein. Du gehörst vielleicht zu den Menschen, die manchmal sehr aufmerksam sind. Aber dann gibt es auch Zeiten, in denen du es beim besten Willen nicht schaffst, konzentriert zu sein.

Aufmerksamkeit gestört – na und?

Du denkst vielleicht, das sei nicht so schlimm, solange du zur Schule gehst. Da haben deine Eltern und deine Lehrer und Lehrerinnen eine andere Meinung, weil sie wissen, dass man viel verpasst durch Unaufmerksamkeit. Weil sie aus Erfahrung wissen, dass man dann in der Schule nicht weit kommt.

Es ist also schon für Kinder und Jugendliche gefährlich, unaufmerksam zu sein.
Erst recht stimmt dies später im Beruf. Da kann es sogar lebensgefährlich werden. Stell dir vor,
- eine Verkehrspolizistin ist unaufmerksam,
- ein Chirurg bei der Operation,
- eine Pilotin beim Fliegen,
- ein Krankenpfleger bei der Medikamentenabgabe,
- eine Köchin beim Kochen,
- ein Schreiner an der Fräse,
- ein Mensch, der die Straße überquert,
- eine Autofahrerin beim Überholen,
- ein Vater mit seinem Baby auf dem Arm ...

Wer nicht aufmerksam sein kann, selbst wenn er es will, lebt gefährlich und kann für andere Menschen eine Gefahr sein. Das sollte nicht so sein und muss auch nicht so bleiben. Man kann durchaus etwas tun, um das zu ändern!

Was und wie, das wirst du in den nächsten Wochen zu Hause oder in der Schule erfahren. Du wirst einiges erfahren darüber,
- wie Aufmerksamkeit zustande kommt,
- wie Aufmerksamkeit funktioniert,
- und wie du deine Aufmerksamkeit verbessern kannst.

Du kannst vieles ausprobieren und wirst bald sehen, dass sich etwas tut. Du lernst Tricks kennen, findest Tipps, wie du die Aufmerksamkeit wieder holen kannst, wenn sie dir einmal abhanden kommt. Du wirst Spiele ausprobieren, die Spaß machen – und Aufmerksamkeit trainieren! Also, zwei Fliegen auf einen Streich!

Besorge dir einen Ordner oder eine Mappe und bewahre dort deine Blätter auf, damit du sie wieder findest, wenn du sie brauchen möchtest.

Such dir Mitspielende, wo immer du solche finden kannst: Daheim, in der Schule, auf dem Spielplatz. Geschwister und Eltern, Onkel und Tanten, alle können dir und sich selbst helfen, die Aufmerksamkeit zu verbessern! Und bald kannst du sagen:

Aufmerksamkeit gestört – nein danke!

Was ein Aufmerksamkeits-Defizit-Syndrom (ADS) ist und was nicht

Es gibt heute wohl nur wenige Begriffe in der Erziehung, die so kontrovers diskutiert werden wie das Aufmerksamkeits-Defizit-Syndrom (ADS). Auf der einen Seite stehen aufmerksamkeitsgestörte Kinder und Jugendliche – mit und ohne Hyperaktivität – , Lehrer, die sich schwer tun mit diesen aufwändigen Schülerinnen und Schülern, und Eltern, die immer wieder am Rand der Verzweiflung stehen. Auf der andern Seite gibt es Leute, die nichts von diesen Problemen spüren. Sie halten das ADS für ein Hirngespinst, und wenn sie nicht umhin können, die Diagnose zu akzeptieren, quittieren sie sie mit einem resignierten einem „Na ja, da kann man eben nichts machen!"

Sicher – es gibt heute viele Kinder und Jugendliche, die mit Aufmerksamkeit und Lernen große Mühe haben. Sie können sich nicht gut konzentrieren und längere Zeit an einer Sache bleiben. Sie schaffen es kaum, sich zu engagieren, wenn etwas anstrengend ist. Es fällt ihnen schwer, sich zu motivieren. Vielen fehlt es an der Fähigkeit, sich sozial geschickt zu verhalten. Manche sind impulsiv, egozentrisch und oft nicht in der Lage, die Bedürfnisse anderer wahrzunehmen.

Früher standen vor allem die **Impulsivität** und die **Hyperaktivität** im Vordergrund. Den berühmten Zappelphilipp gab es bereits im 19. Jahrhundert! Sogar die Version der Aufmerksamkeitsstörung ohne Hyperaktivität konnten unsere Ahnen schon beobachten, wie die Figur des Hans-guck-in-die-Luft zeigt. Es gab also schon damals Kinder mit dem ADS!

Aufmerksamkeitsstörungen ohne Hyperaktivität wurden in Fachkreisen bis vor wenigen Jahren nur selten wahrgenommen und meist als psychisch bedingt (verträumt, neurotisch) beschrieben und behandelt! Erst langsam beginnt man zu entdecken, dass nicht jedes verträumte Kind neurotisch ist und nicht jeder Lernende an seinen Problemen brütet, wenn er nicht bei der Sache ist.

„Bettina kann kein ADS haben. Manchmal kann sie sich ja ganz gut konzentrieren!", oder „Peter hat kein ADS. Dem stinkt nur die Schule. Darum vergisst er so viel!" Das sind Aussagen, die Schulpsychologen oft hören. Tatsache ist: Viele ADS-Lernende haben Mühe mit monotonen oder nicht selbst gestellten Aufgaben. Sie haben aber keine Schwierigkeiten mit Aufgaben, die sie sich selbst stellen oder die sie spannend finden. Preisfrage: Von welcher Sorte Aufgaben gibt es mehr im Leben?

Kein ADS ist wie das andere. Es gibt viele verschiedene Erscheinungsbilder und auch einige mehr oder weniger klar unterscheidbare Formen.

Was gehört zu einem ADS?

Ganz grob kann man sagen, dass es Symptome wie Unaufmerksamkeit, zum Teil auch Hyperaktivität und Impulsivität sind. Diese wirken sich meist in allen Entwicklungsbereichen aus. Der Abklärungsfragebogen (siehe Abbildung S. 14 und Kopiervorlage A0 auf der CD-ROM) ist eine wichtige erste Hilfe. Er kann von Eltern, Lehrerin oder Lehrern und andern Bezugspersonen ausgefüllt werden.

Die Aussagen 1–9 beziehen sich auf das Aufmerksamkeitsverhalten, 10–15 auf die Hyperaktivität und 16–18 auf die Impulsivität.

Wer bei den Aussagen 1–9 auf mindestens 6 positive Antworten kommt und bei 10–18 ebenfalls auf 6, der könnte ein ADS haben, das eventuell weitere Abklärungen erfordert.

Abklärungsfragebogen zum Aufmerksamkeits-Defizit-Syndrom (ADS), siehe Kopiervorlage A0 (CD-ROM)

Das Kind / der Jugendliche / die Jugendliche ...

- ❑ 1. macht oft Flüchtigkeitsfehler bei Schularbeiten, bei der Arbeit oder bei andern Tätigkeiten; Einzelheiten werden häufig übersehen.
- ❑ 2. hat oft Mühe, längere Zeit die Aufmerksamkeit aufrecht zu erhalten (bei Aufgaben oder Spielaktivitäten).
- ❑ 3. führt Anweisungen anderer häufig nicht vollständig durch und/oder kann Schularbeiten, andere Aufgaben oder Pflichten nicht zu Ende bringen (nicht wegen Verständnisproblemen oder Trotzreaktionen).
- ❑ 4. hat oft Mühe, ruhig zu spielen oder sich in der Freizeit ruhig zu beschäftigen.
- ❑ 5. hat Schwierigkeiten, Aktivitäten und Aufgaben zu organisieren.
- ❑ 6. ist häufig unruhig und nervös, wirkt wie getrieben.
- ❑ 7. ist häufig widerwillig an Aufgaben, die länger dauernde geistige Anstrengungen erfordern.
- ❑ 8. kann nur mit Mühe warten, bis es/er/sie an der Reihe ist.
- ❑ 9. lässt sich leicht durch äußere Reize ablenken.
- ❑ 10. platzt häufig mit Antworten heraus, ehe die Frage zu Ende gestellt ist.
- ❑ 11. redet oft extrem viel.
- ❑ 12. rennt häufig umher, klettert herum oder (bei Jugendlichen) ist innerlich unruhig.
- ❑ 13. rutscht auf dem Stuhl herum, zappelt.
- ❑ 14. scheint häufig nicht zuzuhören, wenn andere es/sie/ihn ansprechen.
- ❑ 15. steht immer wieder auf, anstatt sitzen zu bleiben.
- ❑ 16. unterbricht und stört andere häufig (im Gespräch und beim Spiel).
- ❑ 17. vergisst vieles im Alltag und in der Schule.
- ❑ 18. verlegt oder verliert oft Dinge, die für die Aufgaben nötig sind (Schreibzeug, Bücher, Blätter, Hausaufgabenhefte, Spielzeug).

Wie wird die Diagnose gestellt?

Die Symptome müssen **über längere Zeit** (mindestens 6 Monate) beobachtet und als über dem normalen Maß liegend beurteilt werden. Sie sollten in **mindestens zwei Lebensbereichen** auftreten (z. B. in der Schule und in der Familie) und die soziale, emotionale, schulische oder berufliche Entwicklung beeinträchtigen. Das ADS ist also eine Sammlung von Symptomen. Das Ausmaß der Symptome macht es aus, ob man von einem ADS spricht oder nicht.

Kein ADS

Man kann Aufmerksamkeitsprobleme haben, ohne dass es sich um ein ADS handelt. Wir alle kennen Situationen, in denen wir unaufmerksam sind. Aber auch wenn es nicht reicht für eine ADS-Diagnose – die Schwierigkeiten sind dieselben. Sie treten nur weniger oft auf oder sind weniger stark. Sie behindern das Lernen und Leben nicht im gleichen Ausmaß wie ein echtes ADS. Sie benötigen aber ebenfalls unsere Aufmerksamkeit.

Auch **psychische Störungen** oder **körperliche Krankheiten** können Aufmerksamkeitsprobleme zur Folge haben. In solchen Fällen die Aufmerksamkeitsstörung zu behandeln, wäre ein fataler Fehler, denn hier muss die zugrunde liegende Störung behandelt werden. Die Entscheidung, ob die beobachteten Schwierigkeiten auf ein ADS schließen lassen oder nicht, überlässt man am besten den Fachleuten.

Wie häufig ist das ADS?

Die Schätzungen der Experten schwanken zwischen 4% und 17%. Unter leichteren Aufmerksamkeitsstörungen leiden allerdings viel mehr Kinder und Jugendliche. Deutsche Lehrer schätzen, dass rund 19% der Kinder im Grundschulalter Konzentrationsprobleme haben! In der Schweiz dürfte es ganz ähnlich sein – Tendenz steigend.

Aufmerksamkeitsstörungen mit Hyperaktivität werden Experten zufolge **4- bis 9-mal häufiger bei Jungen** gefunden als bei Mädchen. Für Aufmerksamkeitsstörungen ohne Hyperaktivität liegen bisher keine Zahlen vor. Hier könnten nach meiner Erfahrung die Verhältnisse durchaus auch umgekehrt sein: Wir sehen sehr viele Mädchen mit Aufmerksamkeitsstörungen. Da sie jedoch still träumen, fallen sie oft nicht auf.

Wie verlaufen Aufmerksamkeitsstörungen?

Aufmerksamkeitsstörungen gehören „zu den Problemen, die häufig überdauernd sind und eher ungünstig verlaufen“ (1). Sie „beeinträchtigen die Entwicklungsvoraussetzungen eines Kindes und stehen dadurch oft am Beginn eines negativen Entwicklungsverlaufs. Deshalb kann man auch nicht davon ausgehen, dass sie im Zuge von Reifungs- und Entwicklungsprozessen verschwinden“ (1). Die Hyperaktivität tritt in der Pubertät häufig in den Hintergrund, die mangelnde Aufmerksamkeit bleibt auch später oft noch ein Problem. Sie kann ein Thema sein, das einen Menschen ein Leben lang begleitet.

Wie entsteht ein ADS?

Die Forschung läuft auf Hochtouren und zurzeit gibt es verschiedene Erklärungsansätze. Neurobiologische Modelle sind sehr aktuell. Auf der andern Seite des Spektrums stehen gesellschaftskritische Überlegungen.

Es gibt Familien, in denen man gehäuft ein ADS antrifft. Es scheint eine **genetische Disposition** zu geben, die die Entwicklung dieser Störung begünstigt. Gene allein verursachen allerdings noch keine Störungen dieser Art. Es kommt darauf an, wie diese Gene aktiviert werden. Die Aktivierung kann auch durch **Signale aus der Außenwelt** erfolgen. Diese werden über die fünf Sinne aufgenommen und an definierte Strukturen des Gehirns weitergeleitet. Je nach den Anforderungen, die an das Kind gestellt werden, und je nach sozialer Umwelt kann sich auf dieser Basis ein ADS entwickeln oder nicht. Wichtig sind hier gute erzieherische Bedingungen (Konstanz, Flexibilität und Beharrlichkeit).

Man geht heute davon aus, dass das ADS „eine Anpassung der Kinder an eine unruhige Umgebung darstellt, in der die Kinder erstens zu vielen Reizen gleichzeitig und zweitens einem häufigen Wechsel von Reizen ausgesetzt sind. **Reizüberflutung** und **zu häufiger Reizwechsel** führen, wie alle anderen Umwelterfahrungen, auch zu Veränderungen in Nervenzellnetzwerken des Gehirns. Kinder, die in einer überwiegend reizüberfluteten und unruhigen Umwelt aufwachsen, können nicht nur nicht lernen, sich auf eine Sache zu konzentrieren, sondern können diese Fähigkeit auch nicht in ihren Nervenzellnetzwerken speichern.“ (2).

Immer wieder gerät auch das **Fernsehen** ins Blickfeld. Forscher an der Kinderklinik der Universität Washington kamen 2004 in ihrer Studie über den frühen Fernsehkonsum zum Schluss, dass daraus häufig Aufmerksamkeitsprobleme resultieren. Wenn auch nicht sicher ist, dass der TV-Konsum die Ursache des ADS ist, so steht er doch in engem Zusammenhang damit. Die Forscher raten deshalb davon ab, Kinder unter 2 Jahren dem Fernseher auszusetzen. Auch ältere Kinder und Jugendliche sollten nicht uneingeschränkt fernsehen. Fernsehapparate haben in Kinderzimmern nichts zu suchen. Forschungsarbeiten zeigen, dass Vielseher signifikant häufiger Lernschwierigkeiten haben als Wenigseher (3).

Wer das Problem vom gesellschaftskritischen Standpunkt aus beurteilt, stellt die aktuelle Umwelt mit all ihren Ablenkungsmöglichkeiten (TV, Video) ins Zentrum sowie das **chronische Schlafdefizit** vieler Kinder und Jugendlicher. Als weitere Ursachen werden die virtuellen Erfahrungen aus Computer, Video und Fernsehen auf Kosten realer Erfahrungen aufgeführt. Oft wird auf Kulturen hingewiesen, in denen das ADS nicht bekannt ist (z. B. in vielen Entwicklungsländern). Ist das ADS vielleicht eine Wohlstandsdiagnose wie das allgegenwärtige Übergewicht?

Bildungsforscher weisen darauf hin, dass moderne Unterrichtsformen ein großes Ablenkungspotenzial bergen (Gruppenarbeiten, Projektunterricht, Wochenplanarbeit) und dass viele Lehrer heute Mühe haben, von Kindern klar etwas zu verlangen. Nur zu gern erleben ADS-Lernende Aufträge als unverbindliche Vor-

(1) (2) (3) siehe S. 114

schläge. Dreizehnjährige sind oft nicht in der Lage, die notwendige Selbststeuerung aufzubringen, und fallen durchs Netz, wenn Lehrkräfte am Glauben festhalten, dass man mit dreizehn Jahren in der Lage sei, sich selbst steuern zu können.

Das ADS ist also nach dem heutigen Stand der Kenntnis eine Störung mit verschiedenen Ursachen und vielfältigen, oft sehr problematischen Auswirkungen.

Wie wird das ADS behandelt?

Eine möglichst gute erzieherische, pädagogische und heilpädagogische Arbeit und manchmal auch psychotherapeutische Maßnahmen sind beim ADS nötig. Aus verhaltenstherapeutischen Therapien werden viele Erfolge gemeldet.

Auch Medikamente sind im Einsatz. Mit homöopathischen Mitteln werden teilweise gute Erfolge erzielt. Die schweizerische Elternvereinigung für POS-Kinder verfügt über Adressen von Ärzten, die Erfahrung haben mit der homöopathischen Behandlung des ADS (www.elpos.ch). Aber auch schulmedizinische Medikamente können in schwierigen Fällen sehr hilfreich sein.

Schule und Familie sind die ersten und wichtigsten Orte, an denen auf ein ADS reagiert werden kann. Beide können sehr viel bewirken und manch ein ADS verhindern.
Schule und Familie können insbesondere schon aktiv werden, ehe ein ADS entsteht. Sie können präventiv wirken, indem sie gezielt Aufmerksamkeit aufbauen helfen. Und genau hier setzt dieses Buch an.

Die Kernfrage lautet:

Was kann ich für die Entwicklung der Aufmerksamkeit (und damit gegen ein ADS) tun?

Zusammenfassung

Das ADS (Aufmerksamkeits-Defizit-Syndrom) ist eine länger dauernde und verschiedene Lebensbereiche umfassende Störung der Aufmerksamkeit.

Das ADS lässt sich vor allem bei langweiligen, monotonen oder wenig attraktiven Aufgaben erkennen.
Es zeigt sich deshalb in der Schule oft viel deutlicher als in andern Situationen.

Auch psychische Störungen können ein ADS bewirken.

Häufig entwickeln sich auf dem Boden eines ADS weitere Störungen (z. B. Depressionen, gestörtes Sozialverhalten).

Es gibt Situationen, in denen wir alle Symptome eines ADS zeigen (Stress, Überforderung).

Der Verlauf des ADS ist eher ungünstig, wenn keine Behandlung erfolgt. Die Hyperaktivität verschwindet zwar oft, zurück bleiben aber die Probleme mit der Aufmerksamkeit.

Zur Entstehung des ADS tragen nach heutiger Auffassung verschiedene Faktoren bei. Diesem Umstand muss eine Behandlung Rechnung tragen.

Wie man ein Aufmerksamkeits-Defizit-Syndrom (ADS) findet

Für die Untersuchung stehen verschiedene Fachleute (Psychologen, Ärzte) und verschiedene Mittel zur Verfügung.

Leider gibt es bis heute keine zuverlässigen Testverfahren zur Diagnostik von ADS. Man kann aus bekannten Tests zwar relevante Informationen zum Aufmerksamkeitsverhalten herausholen, doch eindeutig sind sie alle nicht. Es sind Hinweise, mehr nicht.

Deshalb stützt man sich stark ab auf Beobachtungen im Alltag. Fragebogen für Familien und Schulen stehen zur Verfügung und können teilweise vom Internet heruntergeladen werden. Auch Gespräche mit Eltern oder Lehrpersonen oder andern Bezugspersonen sind für die professionelle Diagnostik unumgänglich.

Eine ADS-Diagnose kommt also nur in Kooperation aller Beteiligten und unter Einbezug von Fachleuten (Psychologen, Kinderärztinnen, Psychiater) zustande. Es kann für die weitere Entwicklung eines Kindes von elementarer Bedeutung sein, dass man eine ADS-Diagnose frühzeitig stellt, denn ein ADS ist ein eigentlicher „Entwicklungsverhinderer". Wartet man zu lange mit einer Abklärung und nötigen Interventionen, kann viel kostbare Zeit verstreichen, ehe man mit der Entwicklungshilfe oder der Therapie anfängt. Nicht alles kann man aufholen!

Ehe man sich für eine Abklärung entscheidet, sollte man schauen, was man selbst beeinflussen kann. Viele Spiele und auch die Trainings- und Verhaltensempfehlungen, die Sie in diesem Buch finden, können in einfacheren Fällen schon helfen, ein ADS zu verhindern.

Zusammenfassung

Die ADS-Diagnostik ist auch heute noch schwierig. Eindeutige Testverfahren fehlen.

Es ist schwierig, aufgrund eines oder mehrerer Testverfahren zu entscheiden, ob ein ADS vorliegt oder nicht.

Fragebogen sind hilfreich. Gute und erprobte Fragebogen können im Internet heruntergeladen werden.

Gespräche mit den Betroffenen und ihren Bezugspersonen sind wichtige diagnostische Elemente.

Erst das Zusammentreffen verschiedener Faktoren (Gespräche, Fragebogen, Verhaltensbeobachtungen und verschiedene Testverfahren oder Teile aus bekannten Tests) erlaubt eine ADS-Diagnose.

Das ADS hat vieles gemeinsam mit anderen Störungen der Aufmerksamkeit, wie wir sie alle aus eigener Erfahrung kennen.

Tipps zum Start

- ▹ Trainieren und spielen Sie oft, aber kurz (5–10 Minuten reichen).
- ▹ Übernehmen Sie nicht immer nur die Spielleitung, sondern trainieren Sie selbst ernsthaft mit (das tut den Mitspielenden und Ihnen selbst gut).
- ▹ Sprechen Sie beim Erklären bewusst langsam (damit die Mitspieler verstehen können, was sie hören). Lassen Sie neue Anweisungen wiederholen.
- ▹ Lesen Sie Texte mit großzügigen Pausen (damit die Mitspieler sich das Gehörte vorstellen können, denn Visualisieren ist wichtig).
- ▹ Loben Sie sich und Ihre Mitspieler so oft als möglich! Sagen Sie aber auch kritisch die Wahrheit, wenn etwas nicht zufriedenstellend gelaufen ist.

Teil A – Trainieren des Arbeitsspeichers

In Teil A finden sich ganz unterschiedliche Aufgaben zum Training des Arbeitsspeichers, z. B. mit Buchstaben- und Zahlenreihen, Wörterreihen, verschiedenen Texten oder Bildern.

Der Arbeitsspeicher ist eine Art **Notizblock**. Er notiert für ganz kurze Zeit aktuellen Stoff auf zwei Arten, nämlich **akustisch** (phonologische Schlaufe) und **visuell-räumlich** (siehe auch Merkblatt C6 „Aufmerksamkeit, Lernen und Gedächtnis"). Um ihn zu trainieren, eignen sich viele Spiele, die im Handel erhältlich sind – Memorys, Kartenspiele, Tangrams und andere Spiele, die visuell ausgerichtet sind. Schauen Sie in Ihren Spieleschrank – dort werden Sie mit Sicherheit fündig.

Für das Training des akustischen Arbeitsspeichers sind viel weniger Spiele erhältlich. Dabei ist dieser im Alltag und in der Schule von großer Bedeutung, denn Anweisungen und Informationen werden sehr häufig mündlich erteilt.
Ein großer Teil der Aufgaben und Spiele in diesem Buch sind deshalb der Verbesserung des akustischen Arbeitsspeichers gewidmet.

Da der Arbeitsspeicher nicht inhaltsgebunden operiert, enthalten viele Übungen sinnfreie Elemente. Die angebotenen Reihen von Zahlen, Buchstaben oder Wörtern sollen gar keinen Sinnzusammenhang haben.

Sucht man eigene Aufgaben, sollte man darauf achten, dass die einzelnen Elemente – Wörter, Silben, Buchstaben, Zahlen – verschieden klingen. Ähnlich klingende Elemente erschweren die Speicherung. Auch ist zu berücksichtigen, dass mehrsilbige Wörter schwieriger zu memorieren sind als einsilbige.

Die Übungen und Spiele können rein akustisch durchgeführt werden. Der Arbeitsspeicher wird dann akustisch angesprochen und gewöhnt sich daran, auch akustisch zu verarbeiten. Dieselben Aufgaben lassen sich visuell durchführen, z. B. mit Hilfe von Arbeitsblättern oder des Hellraumprojektors. Die besten Ergebnisse erzielen Sie jedoch, wenn Sie die Lernenden explizit anregen, auf beide Arten zu speichern, z. B.: „Ihr werdet gleich einige Zahlen hören. Passt gut auf und hört gut hin (akustische Speicherung). Schreibt sie auf eure „innere Wandtafel" (visuell-räumliche Speicherung) und lest sie dort langsam und deutlich ab (visuell-motorisch-akustisch). Dann wiederholt ihr sie laut für euren Lernpartner (motorisch)."

Im Allgemeinen geht man heute davon aus, dass am besten gespeichert wird, was am vielfältigsten gelernt wurde. Die moderne Hirnforschung zeigt mit ihren bildgebenden Verfahren, dass je nachdem, ob man etwas hört, sieht oder tut, unterschiedliche Hirnregionen aktiv sind. Somit wird mit einer mehrfachen Speicherung auch nachhaltiger (nämlich in verschiedenen Arealen) gespeichert. Der Stoff kann besser behalten und leichter abgerufen werden.

A1 Achtung aufgepasst – so aufmerksam bin ich

Aufmerksam sein heißt, die Welt und sich selbst wahrzunehmen. Wahrnehmung kann mit allen Sinnen, an allen Orten und zu jeder Zeit geübt werden. Ein Spaziergang im Wald, der Schulausflug, ein Besuch in einem Museum, das Kochen des Mittagessens und unzählige andere Situationen sind bestens geeignet dafür.

Mit spielerischen Übungen können Sie die Motivation für etwas heute gar nicht mehr Alltägliches, aber umso Notwendigeres, aufbauen helfen. Auf etwas achten, etwas bemerken und sich etwas merken sind wichtige Fähigkeiten für alle Menschen. Unsere reizüberflutete Welt macht es uns oft schwer, achtsam zu leben.

Aufmerksamkeit kann man lernen. Lernende merken bald, wie sich diese Fähigkeit durch Üben verbessern lässt. Dazu muss man die vorgeschlagenen Spiele mehrfach spielen. Wer schon im zweiten Durchgang mehr wahrnehmen kann als im ersten, ist ein Glückspilz. Viele müssen länger Geduld haben. Aber alle werden es früher oder später schaffen!

Die folgenden Arbeitsblätter dienen zur Evaluation und als erstes Spiel.

Arbeitsblatt A1-1: So aufmerksam bin ich

Zuerst sollen die Lernenden ihre aktuelle Aufmerksamkeit einschätzen lernen. Die Erfahrung zeigt, dass es gar nicht einfach ist festzustellen, wie aufmerksam man ist. Nur wenn wir spüren, wie konzentriert wir sind, können wir etwas unternehmen, um unsere Aufmerksamkeit zu halten oder zu verbessern. Am besten schaffen Sie immer wieder Gelegenheiten, die eigene Aufmerksamkeit einschätzen zu lassen, und am allerbesten spielen Sie gleich selbst mit!

Sehr gut bewährt hat sich ein Streifen mit einer Skala von 1 bis 10, auf dem man mit einer Spielfigur, einem Stein o. Ä. den aktuellen Aufmerksamkeitsstand angibt. So lässt sich sehr leicht vergleichen, ob man im Augenblick aufmerksamer ist als vorher. Und Wörter muss man auch nicht dafür finden.

1	2	3	4	5	6	7	8	9	10

In der Schule können Sie einen solchen Streifen auf den Tisch kleben lassen. Fordern Sie die Kinder immer wieder auf, ihre Aufmerksamkeit zu überprüfen; auf diese Weise werden sie allmählich ein Bewusstsein dafür entwickeln.

Als Zweites gilt es, die gefühlsmäßige Einschätzung zu konkretisieren. „Woran merkst du ...“ ist eine schwierige Frage, bei der Sie sicher anfänglich oft helfen müssen.

Viele Lernende stellen fest, wie positiv sich die Aufmerksamkeit auswirkt. Sie fühlen sich munter, zufrieden, aufgestellt, sie kommen gut voran, haben Spaß, freuen sich über ihre Fortschritte, haben einen freien Kopf und einen regelmäßigen Herzschlag.

Andere merken, dass sie nicht aufmerksam sind, und fühlen sich müde und schlapp. Sie kommen nicht voran, finden die Arbeit schwierig oder doof, lassen sich ablenken. Es „stinkt“ ihnen oder sie kommen nicht richtig in Gang.

Wenn Sie die Übung mit der Zehnerskala ein paar Mal selbst machen, erfahren Sie, wie sich Aufmerksamkeit bei Ihnen zeigt.

Unten auf dem Blatt A1-1 finden sich ein paar Anregungen, die bei vielen Lernenden gut funktionieren. Vielleicht haben die Kinder das eine oder andere schon versucht. Wenn nicht, können sie die Vorschläge ausprobieren und die Liste mit eigenen Ideen ergänzen.

Arbeitsblätter A1-2a und A1-2b: Spiel 1: Achtung, aufgepasst!

Während fünf Minuten versuchen die Mitspielenden, mit den verschiedenen Sinnen wahrzunehmen. Hören, sehen, schmecken, riechen und spüren sind die verschiedenen Kanäle der Sinneswahrnehmung, die aber sehr unterschiedlich ergiebig sind. Den Kindern soll dies bewusst werden. Sie sollen versuchen, eine Erklärung dafür zu finden.

Viele Lernende nehmen Unterschiede zwischen Menschen als gegeben hin und meinen: „Die oder der kann das halt und ich nicht!" Es ist Ihre Aufgabe als Eltern oder Lehrperson, die Lernenden erfahren zu lassen, dass sie ihre Aufmerksamkeit und Wahrnehmung durchaus verändern können. Wie? Ganz einfach – durch aufmerksam sein und wahrnehmen. So wie man das Snowboarden durch Snowboarden lernt, lernt man Aufmerksamkeit durch Aufmerksamsein und Wahrnehmen durch Wahrnehmen. So einfach ist das.

Arbeitsblätter A1-3a und A1-3b: Spiel 2: Hör gut zu!

Die Teilnehmer schreiben ihre Wahrnehmungen auf und lesen sie einander reihum vor.

Erklärungen für die Lernenden
Achtung, aufgepasst! Nun werdet ihr reihum eure Ergebnisse vorlesen, erst das, was ihr gehört habt, dann das, was ihr gesehen habt und so weiter. Einiges werdet ihr mehrmals hören. Behaltet alles gut im Kopf. Hört gut zu, gleich geht es los! Anschließend sollt ihr alles aufschreiben, woran ihr euch erinnert.

Arbeitsblätter A1-4a und A1-4b: Achtung aufgepasst! – Wir spielen zu Hause

Blätter zum Durchführen der Spiele 1 und 2 zu Hause.

Arbeitsblatt A1-5: Aufmerksamkeit kann Leben retten!

Blatt A5 dient dem Transfertraining. Es ist für Lernende sehr wichtig zu wissen, wozu sie etwas üben sollen. Immer und immer wieder sollten Sie dies erläutern und in Erinnerung zu rufen. Wenn Lernende wissen, wozu etwas nützlich ist, werden sie sich eher daran erinnern und es auch brauchen.

Tipps

- ▹ Lassen Sie die Kinder sich zu der Thematik austauschen in der Gruppe und in der Klasse.
- ▹ Ganz wichtig ist der Transferaspekt: Wo kann das Gelernte helfen im Leben? In der Schule?
- ▹ Üben kann man in der Schule und zu Hause.
- ▹ Man kann auch nur mit einzelnen Sinnen arbeiten.
  Für den Aufbau von Aufmerksamkeit und für das Lernen in der Schule ist sicherlich das Hören der wichtigste Kanal, gefolgt vom Sehen. Die andern Sinne verdienen es aber ebenso, immer wieder trainiert zu werden.
- ▹ Lassen Sie die Kinder sich selbst im Alltag beobachten: Kleben Sie Streifen mit einer Skala von 1–10 auf die Schülertische und lassen die Kinder immer wieder einschätzen, wie aufmerksam sie gerade sind (siehe S. 18).
- ▹ Überprüfen Sie auch Ihre eigene Aufmerksamkeit!

A1-1 Mein Name: .... Mitspieler/in: .... Datum: ....

So aufmerksam bin ich

Aufmerksamsein kann man lernen. So wie man Schwimmen oder Klavierspielen lernen kann. Wer aufmerksam ist, kann viel besser lernen.

- Man ist nicht immer gleich aufmerksam.
  Wie aufmerksam bist du gerade jetzt?

gar nicht	1	2	3	4	5	6	7	8	9	10	total

- Woran merkst du, wie aufmerksam du bist?

____

____

____

- Wie kannst du deine Aufmerksamkeit zurückholen, wenn du merkst, dass sie weg ist?
  Was hilft dir dabei? Kreuze die passenden Felder an.

Das hilft mir	ein wenig	ziemlich	sehr	noch nie probiert
Augen zumachen				
kurz aufstehen und mich bewegen				
tief durchatmen				
von 100 bis 79 rückwärts zählen				
mir zureden: „Jetzt bin ich ganz bei der Sache!“				
etwas anderes, nämlich ______________				
______________				
______________				

A1-2a Mein Name: .... Mitspieler/in: .... Datum: ....

Spiel 1: Achtung, aufgepasst!

- Nimm dir etwa fünf Minuten Zeit für die folgenden Fragen und schreibe alles auf, was du bemerkst! Viel Vergnügen beim Aufmerksamsein!

Was hörst du gerade jetzt alles?

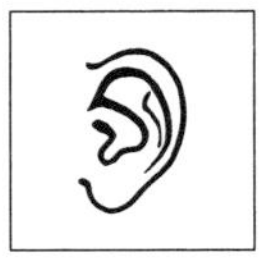

____

____

____

____

____

____

Was siehst du?

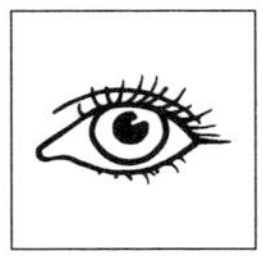

____

____

____

____

____

____

Was schmeckst du?

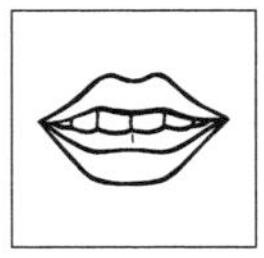

____

____

____

____

____

____

A1-2b Mein Name: .... Mitspieler/in: .... Datum: ....

Was riechst du?

____

____

____

____

Was spürst du?

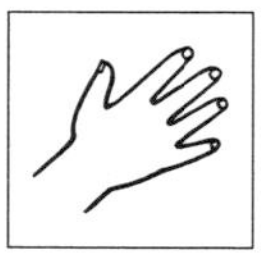

____

____

____

____

- In welchem Bereich hast du am meisten aufgeschrieben? ______________
- Wo am wenigsten? ______________

- Warum ist das wohl so?
  Finde es mit deinem Lernpartner/deiner Lernpartnerin zusammen heraus!

____

____

____

____

____

Glaubt ihr, dass sich das ändern lässt?

____

Wie könnte man versuchen, es zu ändern?

____

A1-3a Mein Name: .... Mitspieler/in: .... Datum: ....

Spiel 2: Hör gut zu!

- Schreibe alles auf, auch das, was du gehört hast von deinen Lernkollegen.

Hören

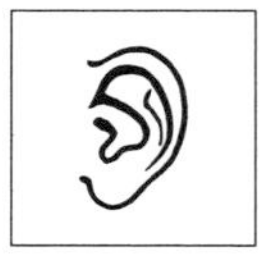

____

____

____

____

____

____

____

____

____

____

Sehen

____

____

____

____

____

____

____

____

____

____

____

A1-3b Mein Name: .... Mitspieler/in: .... Datum: ....

Schmecken

Riechen

Spüren

A1-4a Mein Name: .... Mitspieler/in: .... Datum: ....

Achtung, aufgepasst! – Wir spielen zu Hause

- Suche jemanden, der mit dir spielt.
  Du brauchst für jeden Mitspielenden die beiden Blätter A1-4a und A1-4b.

Was hörst du gerade jetzt alles?

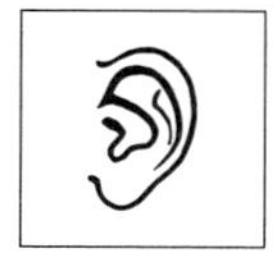

Was siehst du?

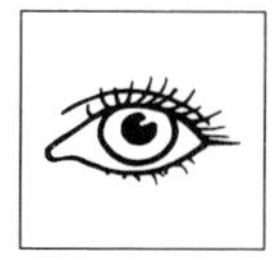

Was schmeckst du?

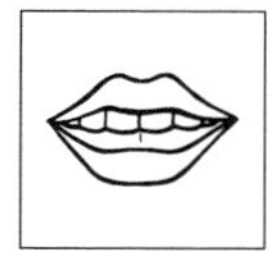

A1-4b Mein Name: .... Mitspieler/in: .... Datum: ....

Was riechst du?

Was spürst du?

- Lest reihum vor, was ihr geschrieben habt.
- Schreibt auf der Rückseite der Blätter alles auf, was vorgelesen wurde.
- Hast du schon mehr gehört, gesehen, geschmeckt, gerochen und gespürt als letztes Mal? Warum denkst du, dass das so sei?

Übung macht den Meister!

Aber auch die größte Meisterin spürt, hört oder sieht nicht immer gleich viel!

Hauptsache, man ist aufmerksam!

A1-5 Mein Name: .... Mitspieler/in: .... Datum: ....

Aufmerksamkeit kann Leben retten!

Kannst du dir Situationen vorstellen, in denen es das Leben retten kann, wenn man aufmerksam hört? Oder sieht? Oder schmeckt? Oder riecht? Und spürt?
Rede mit deinem Lernpartner/deiner Lernpartnerin darüber.
Notiert Beispiele zu jeder Art von Aufmerksamkeit.

Aufmerksam **hören** kann Leben retten

Aufmerksam **sehen** kann Leben retten

Aufmerksam **riechen** kann Leben retten

Aufmerksam **schmecken** kann Leben retten

Aufmerksam **spüren** kann Leben retten

Und was hat Aufmerksamsein mit Schule und Lernen zu tun?

A2 Buchstabenreihen

Der **auditive Kanal** ist sehr wichtig für die Aufmerksamkeit und für das Lernen: Die meisten Informationen und Arbeitsanweisungen werden mündlich übermittelt. Viele Aufgaben werden falsch gelöst, weil die Instruktion nicht richtig verstanden wurde. Es lohnt sich also, durch gezieltes Training die Fähigkeit des Zuhörens zu verbessern. Dies kann sich in allen Lebensbereichen günstig auswirken – nicht nur in der Schule!

Das Training mit Buchstabenreihen hilft, die **auditive Diskriminierung** (Laute unterscheiden) und die **auditive Merkfähigkeit** (sich Reihen von Lauten merken) zu verbessern.

Auf den ersten vier Arbeitsblättern finden sich Buchstabenreihen mit 4 bis 7 Elementen (A2-1 bis A2-3). Weil das Trainieren mit eigenen Buchstaben vielleicht mehr Spaß macht, gibt es ein vorbereitetes Blatt, in das man diese eintragen kann (A2-4).

Arbeitsblätter A2-1 bis A2-3: Buchstabenreihen 1 bis 3

Die Buchstabenreihen werden Reihe um Reihe vorgelesen und vom Lernpartner oder der Lernpartnerin dann vorwärts und rückwärts wiedergegeben. Beim **vorwärts** Wiederholen wird vor allem der auditive Arbeitsspeicher (phonologische Schlaufe) trainiert. Bei der Wiedergabe **rückwärts** wird auch die Flexibilität im Denken (nämlich die Umstellfähigkeit, eine Fähigkeit vor allem des Frontalhirns) gefördert. Da sich viele Menschen die Buchstaben geschrieben vorstellen, um sie „von der inneren Wandtafel" rückwärts abzulesen, wird damit auch die Verbindung zum visuellen Kanal trainiert. Viele Menschen mit einem ADS haben viel mehr Mühe, rückwärts nachzusprechen als vorwärts zu wiederholen.

Vorgehen

Teilen Sie die Klasse in Zweiergruppen ein und geben Sie jedem Kind eines der Blätter mit Buchstabenreihen (z. B. A2-1). Die Kinder tragen Namen und Datum ein und falten ihre Blätter der Länge nach. Sie sprechen sich ab, wer die linke und wer die rechte Spalte bearbeitet und legen die Blätter entsprechend vor sich hin. Kind 1 beginnt mit dem Vorlesen der ersten Buchstabenreihe aus Spalte 1. Langsam (im Sekundentakt) und deutlich spricht es die Buchstabenreihe vor. Kind 2 wiederholt die Reihe vorwärts und rückwärts und erhält pro richtig gesprochene Reihe je 1 Punkt, der von Kind 1 im Kästchen davor notiert wird. Ist ein Viererpäckchen bearbeitet, werden die Rollen getauscht: Kind 2 liest die Buchstabengruppen von Spalte 2, Kind 1 spricht die Buchstaben nach.
Anschließend wenden die Kinder ihre Blätter und das Spiel beginnt von Neuem.
Sind die Viererpäckchen fertig bearbeitet, kommen die Fünferpäckchen an die Reihe usw. Zum Schluss wird die Gesamtpunktzahl ermittelt und unten auf dem Blatt eingetragen.

Hinweis: Je nach Alter und Fähigkeiten der Kinder können nur die einfacheren bzw. kürzeren Reihen bearbeitet werden.

Erklärungen für die Lernenden
Lest einander die Buchstabenreihen abwechselnd langsam und deutlich vor. Merkt euch, was ihr hört, und wiederholt die Buchstaben erst vorwärts und dann rückwärts. Wenn alle Buchstaben richtig genannt wurden und auch die Reihenfolge stimmt, gibt es 2 Punkte. Wenn die Reihenfolge nicht richtig war (die Buchstaben aber stimmen), gibt es 1 Punkt. Euer Partner/eure Partnerin trägt nach jeder Runde die Punkte ins Kästchen vor der Buchstabenreihe ein.
Vielleicht könnt ihr aufmerksamer zuhören, wenn ihr die Augen schließt.
Nach jedem Päckchen tauscht ihr die Rollen.

Arbeitsblatt A2-4: Meine Buchstabenreihen

Die Schülerinnen und Schüler erfinden zu zweit oder als Hausaufgabe eigene Buchstabenreihen. Sie tragen die Buchstaben auf Blatt A2-4 ein und trainieren gleich wie mit den Blättern A2-1 bis A2-3.

Tipps

- ▹ Wenn vier Buchstaben zu viel sind, kann man mit drei beginnen, also einfach den letzten Buchstaben jeder Reihe weglassen.
- ▹ Wenn Kinder in der Lage sind, sich noch längere Buchstabenreihen zu merken, werden die Reihen entsprechend ergänzt. Derselbe Buchstabe darf auch mehrmals vorkommen.
- ▹ Achten Sie darauf, dass die Kinder ihr Anspruchsniveau möglichst gut an ihre Fähigkeiten anpassen. So bringt das Trainieren am meisten.
- ▹ Am besten trainiert man 10 bis maximal 15 Minuten.
- ▹ Auch dieses Spiel lässt sich zu Hause mit Eltern oder Geschwistern spielen.

A2-1 Mein Name: .... Mitspieler/in: .... Datum: ....

Buchstabenreihen 1

Dein Spielpartner/deine Spielpartnerin sagt dir die Buchstabenreihen vor und du wiederholst sie zuerst vorwärts, dann rückwärts. In den Kästchen wird die Anzahl Punkte notiert (1 Punkt für richtiges Wiederholen vorwärts, 1 Punkt für richtiges Wiederholen rückwärts). Du kannst also insgesamt 32 Punkte holen.

Viererpäckchen

☐ A D E L	☐ B R U W
☐ W U R B	☐ L E D A
☐ D A E L	☐ U R B W
☐ R U W B	☐ D A L E

Fünferpäckchen

☐ N R U W O	☐ A D I E L
☐ L E D A I	☐ W U O R B
☐ D I A E L	☐ U O R B W
☐ D A I L E	☐ R U W O B

Sechserpäckchen

☐ A N D I E L	☐ B R N U W O
☐ L N E D A I	☐ W N U O R B
☐ U N O R B W	☐ D I A N E L
☐ D A I L E N	☐ R U W O B N

Für Gedächtniskünstler!

☐ A n t d i e l	☐ B r t n u w o
☐ L n e t d a i	☐ W n u o r t b
☐ D i a n e l t	☐ U t n o b w r
☐ R u w o b n t	☐ D a i l t e n

Meine Punkte auf dieser Seite: ☐

A2-2 Mein Name: .... Mitspieler/in: .... Datum: ....

Buchstabenreihen 2

Dein Spielpartner/deine Spielpartnerin sagt dir die Buchstabenreihen vor und du wiederholst sie zuerst vorwärts, dann rückwärts. In den Kästchen wird die Anzahl Punkte notiert (1 Punkt für richtiges Wiederholen vorwärts, 1 Punkt für richtiges Wiederholen rückwärts). Du kannst also insgesamt 32 Punkte holen.

Viererpäckchen

☐ E D O L	☐ P R E W
☐ L E D O	☐ W E R P
☐ E R P W	☐ D O E L
☐ D E L O	☐ R E W P

Fünferpäckchen

☐ O D I E L	☐ P R E W O
☐ L E D O I	☐ W E O R P
☐ D I E O L	☐ E O R P W
☐ D E I L O	☐ R E W O P

Sechserpäckchen

☐ E N D I O L	☐ P R N E W O
☐ L N O D E I	☐ W N E O R P
☐ D I O N E L	☐ E N O R P W
☐ D E I L O N	☐ R E W O P N

Für Gedächtniskünstler!

☐ E N T D I O L	☐ P R T N E W O
☐ L N O T D E I	☐ W N E O R T P
☐ D T I O N E L	☐ E T N O R P W
☐ D E I L T O N	☐ R E W O P N T

Meine Punkte auf dieser Seite: ☐

A2-3 Mein Name: .... Mitspieler/in: .... Datum: ....

Buchstabenreihen 3

Dein Spielpartner/deine Spielpartnerin sagt dir die Buchstabenreihen vor und du wiederholst sie zuerst vorwärts, dann rückwärts. In den Kästchen wird die Anzahl Punkte notiert (1 Punkt für richtiges Wiederholen vorwärts, 1 Punkt für richtiges Wiederholen rückwärts). Du kannst also insgesamt 32 Punkte holen.

Viererpäckchen

☐ U M E L	☐ T R I W
☐ L E M U	☐ W I R T
☐ M U E L	☐ I R T W
☐ M U L E	☐ R I W T

Fünferpäckchen

☐ U M I E L	☐ T R I W O
☐ L E S U I	☐ W I O R T
☐ D I U E L	☐ I O R T W
☐ D U I S E	☐ R I W O T

Sechserpäckchen

☐ U N S I E L	☐ T F N I W O
☐ L N E D U I	☐ W N I O F T
☐ S I U N E L	☐ I N O F T W
☐ S U I L E N	☐ F I W O T N

Für Gedächtniskünstler!

☐ U N S I E L E	☐ B F T N I W O
☐ L N E T P U I	☐ W N I O F T B
☐ P T I U N E L	☐ I T N O F B W
☐ S U I L T E N	☐ F I W O B N T

Meine Punkte auf dieser Seite: ☐

A2-4 Mein Name: .... Mitspieler/in: .... Datum: ....

Meine Buchstabenreihen

Schreibe selbst Buchstaben in die leeren Felder.
Dein Spielpartner/deine Spielpartnerin sagt dir dann die Buchstabenreihen vor und du wiederholst sie zuerst vorwärts, dann rückwärts. In den Kästchen wird die Anzahl Punkte notiert (1 Punkt für richtiges Wiederholen vorwärts, 1 Punkt für richtiges Wiederholen rückwärts). Du kannst also insgesamt 32 Punkte holen.

Viererpäckchen

☐					☐				
☐					☐				
☐					☐				
☐					☐				

Fünferpäckchen

☐						☐					
☐						☐					
☐						☐					
☐						☐					

Sechserpäckchen

☐							☐						
☐							☐						
☐							☐						
☐							☐						

Für Gedächtniskünstler!

☐								☐							
☐								☐							
☐								☐							
☐								☐							

Meine Punkte auf dieser Seite: ☐

A3 Wörterreihen

Wenn wir mit Wörtern trainieren, lässt sich das in **jeder Sprache** tun. Gerade das Spielen mit wenig geliebten Fremdsprachen wirkt manchmal Wunder – der spielerische Umgang mit den Sprachelementen kann Widerstand abbauen.

Fremdsprachige Kinder haben die Möglichkeit, zu Hause **mit Wörtern ihrer Muttersprache** zu üben. So können auch ihre Eltern problemlos mitspielen.

Das Trainieren mit Unsinnwörtern ist für den Arbeitsspeicher ideal!

Vielen Kindern macht es mehr Spaß, mit eigenen Wörtern zu arbeiten. Lassen Sie sie selbst Wörterreihen erfinden (A3–6).

Die verschiedenen Spiele berücksichtigen verschiedene Aspekte von Sprache:

1. *Semantischer Aspekt:* Inhaltliche Kategorien, z. B. Wortfelder, Oberbegriffe (siehe Wörterreihen 1 und 2, S. 27/28)
2. *Phonematischer Aspekt:* Laute (siehe Wörterreihe 3, S. 29)
3. *Grammatische Kategorien:* Verben, Nomen, Adjektive (siehe Wörterreihe 4, S. 31)
4. *Morphematischer Aspekt:* Wortfamilien, hier sprachspezifisch, d. h. für jede Sprache wichtige morphematische Einheiten suchen (siehe Wörterreihe 5, S. 32)

Protokollblätter für die verschiedenen Übungen siehe Kopiervorlagen A3-1 bis A3-5.

Lesen Sie die gewünschte Anzahl Wörter Reihe um Reihe vor; die Kinder sollen sie anschließend vorwärts und rückwärts wiedergeben. Beim vorwärts Wiederholen wird vor allem der auditive Arbeitsspeicher (phonologische Schlaufe) trainiert. Bei der Wiedergabe rückwärts wird auch die Flexibilität im Denken gefördert (nämlich die Umstellfähigkeit, eine Fähigkeit vor allem des Frontalhirns). Da sich viele Menschen die Buchstaben geschrieben vorstellen, um sie von der „inneren Wandtafel" rückwärts abzulesen, wird damit auch der visuelle Kanal aktiviert. Viele Menschen mit einem ADS haben viel mehr Mühe, rückwärts nachzusprechen als vorwärts zu wiederholen.

Arbeitsblätter A3-1 bis A3-5: Protokollblätter für Wörterreihen (mit 3–7 Wörtern)

Vorgehen

Die Kinder bilden Zweiergruppen. Jedes bekommt ein Kontrollblatt, z. B. A3-1. Name und Datum werden eingetragen und die Blätter getauscht.

Kopieren Sie Ihre Wörterreihen auf Folie (selbst zusammengestellter Wortschatz oder eine Auswahl aus den Wörterreihen S. 27–32) und legen Sie sie auf den Hellraumprojektor. Kind 1 jeder Gruppe schließt die Augen und Sie lesen – je nach Alter und Fähigkeiten der Kinder – 3 bis 7 Wörter vor. Kind 1 wiederholt die Wörter vorwärts und rückwärts, Kind 2 kontrolliert und trägt auf dem Blatt des Lernpartners die entsprechenden Punktzahlen ein.

Am Ende jedes Blattes notieren die Kinder die Summe der Punkte („So viele Punkte hat mein Superhirn heute geholt").

Erklärungen für die Lernenden
Setzt euch zu zweit zusammen. Schreibt euren Namen und das Datum auf das Kontrollblatt, tauscht dann die Blätter und macht ab, wer mit Nachsprechen beginnt.
Merkt euch die Wörter, die ich euch vorlese. Wer mit Nachsprechen an der Reihe ist, wiederholt sie mit geschlossenen Augen vorwärts und rückwärts. Für jedes richtig genannte Wort gibt es 2 Punkte. Wenn die Reihenfolge nicht richtig war (die Wörter aber stimmen), gibt es 1 Punkt Abzug. Euer Lernpartner/eure Lernpartnerin trägt die Punkte auf eurem Kontrollblatt ein.
Nach 2 Wörterreihen tauscht ihr die Rollen.

Arbeitsblatt A3-6: Meine Wörterreihen

Vielen Kindern macht das Trainieren mit eigenen Wörtern mehr Spaß. Allein oder als Partnerarbeit, in der Schule oder als Hausaufgabe suchen sie Wörtergruppen nach bestimmten frei gewählten oder abgesprochenen Kriterien und schreiben sie auf ein Blatt Papier oder tragen sie auf dem Arbeitsblatt A3-6 ein.

> *Erklärungen für die Lernenden*
> Denkt euch 3 (oder mehr) Wörter auf Deutsch (Französisch, Englisch) aus. Es sollen alles Dinge zum Essen (Farben, Wörter mit „K“, Zootiere ...) sein. Schreibt die Wörter in die Kästchen von Arbeitsblatt A3-6.

Vorgehen

Die Kinder setzen sich paarweise zusammen und legen die Blätter mit den eigenen Wörterreihen bereit. Dazu erhalten sie je ein Kontrollblatt entsprechend der Länge der Wörterreihen (z. B. A3-1), tragen Namen und Datum ein und tauschen die Blätter.

Kind 1 liest langsam (im Sekundentakt) und deutlich eine seiner Wörterreihen vor. Kind 2 wiederholt sie vorwärts und rückwärts und erhält Punkte wie oben beschrieben. Die gewonnenen Punkte trägt Kind 1 auf dem Kontrollblatt des Lernpartners ein.

Am Ende jedes Blattes notieren die Kinder die Summe der Punkte („So viele Punkte hat mein Superhirn heute geholt“).

> *Erklärungen für die Lernenden*
> Setzt euch zu zweit zusammen. Schreibt euren Namen und das Datum auf das Kontrollblatt, tauscht dann die Blätter und macht ab, wer mit Nachsprechen beginnt.
> Wer als Erster mit Vorsagen an der Reihe ist, liest dem Lernpartner/der Lernpartnerin eine seiner Wörterrreihen schön langsam und deutlich vor. Euer Lernpartner wiederholt die Wörter anschließend vorwärts und rückwärts.
> Für jedes richtig genannte Wort gibt es 2 Punkte. Wenn die Reihenfolge nicht richtig war (die Wörter aber stimmen), gibt es 1 Punkt Abzug. Euer Lernpartner/eure Lernpartnerin trägt die Punkte auf eurem Kontrollblatt ein.
> Nach 2 Wörterreihen tauscht ihr die Rollen.

Arbeitsblatt A3-7: ABC-Spiel

In einem bestimmten Zeitraum, z. B. während 5 Minuten, sollen zu jedem Buchstaben des Alphabets Wörter bestimmter Kategorien aufgeschrieben werden (Möbel, Kleidungsstücke, Verben, Adjektive ...).

Anschließend beginnt ein Kind mit dem Vorlesen seiner Liste, die anderen hören aufmerksam zu und streichen auf ihrem Blatt durch, was sie hören. Das nächste Kind liest die übriggebliebenen Wörter. Wiederum streichen alle die neu gehörten Wörter durch. Am Schluss zählt jedes Kind alle Wörter, die es gefunden hat, und trägt die entsprechende Punktzahl unten auf dem Blatt ein.

Spielt man das Spiel mehrmals mit denselben Vorgaben, wird der eigene Fortschritt offensichtlich!

Das ABC-Spiel lässt sich auch in Fremdsprachen spielen.

Tipps

- Denken Sie daran, den Lernenden immer wieder zu erklären, wozu eine Übung oder ein Spiel gut ist. Nur was man bewusst tut und lernt, kann man bewusst anwenden.
- Beginnen Sie mit kleinen Portionen von 3 oder 4 Wörtern.
- Achten Sie darauf, dass die Wörter langsam und mit Pausen vorgesprochen werden.
- Passen Sie den Schwierigkeitsgrad den Fähigkeiten der Kinder an. So bringt das Trainieren am meisten.
- Die Vorsprecher und Nachsprecher wechseln sich regelmäßig ab (nach einer Runde, nach zwei Runden, pro Tag).
- Das Spiel mit Wörterreihen können die Kinder auch zu Hause mit Eltern oder Geschwistern spielen.
- Bei ungleich starken Lernteams kann die Anzahl der Wörter variiert werden. Der ideale Schwierigkeitsgrad liegt da, wo man die Wörter fast immer fehlerfrei wiederholen kann.

- Anfänglich braucht es etwas Zeit, bis das Spiel „sitzt“. Ziel aller Trainings und Spiele ist es, das Gehirn lernen zu lassen, wie es sich „anfühlt“, wenn man ganz aufmerksam ist, und ihm beizubringen, wie man diesen Zustand schnell herstellt bzw. wie man ihn aufrecht erhält.
- Ein Spiel sollte nicht länger als 5–10 Min. dauern. Spielen Sie häufig mit kurzen Einheiten.
- Manchmal muss man sich je länger, desto mehr anstrengen (das Hirn ermüdet) – manchmal geht es je länger, desto leichter (das Hirn „wärmt sich auf“).
- Die Aufmerksamkeit kann schwanken. Das ist bei allen Menschen so und sollte den Lernenden bewusst gemacht werden.
- Stellen Sie bei fremdsprachigen Wörtern sicher, dass sie schon bekannt sind. Lassen Sie sie zur Sicherheit kurz übersetzen (oder tun Sie es selbst). Das erleichtert auch das Speichern der Wörterreihen, weil sich die Lernenden unter den einzelnen Begriffen etwas vorstellen können. Wiederholen Sie zum Memorieren die Wörter ruhig und im Sekundentakt ohne Unterbrechung!

Die folgenden Wörterreihen 1 bis 5 zeigen Beispiele zu den verschiedenen Aspekten, nach denen die Wörter zusammengestellt werden können (siehe S. 25). Die dem Buch beigelegte CD-ROM enthält alle Wörterlisten zum Ausdrucken.

Wörterreihen 1: Wortfelder – semantischer Aspekt

Wortfelder aktivieren das Gehirn auf der Inhaltsebene. Der konkrete Inhalt kann die Aufmerksamkeit und das Speichern erleichtern. Gleichzeitig wird auch der Wortschatz trainiert. Spielen Sie mit älteren Kindern und Jugendlichen auch in Fremdsprachen. Anzahl und Reihenfolge der Wörter best mmten Sie selbst. Erstellen Sie auch eigene Listen, die zum aktuellen Schulstoff passen.

Aufgabe: Die Kinder wiederholen die Wörterreihen, die Sie vorlesen. Vorgehen und Punktevergabe siehe S. 25.

Esswaren

Deutsch: Eier, Milch, Pudding, Salat, Äpfel, Spaghetti, Orangen ...
Französisch: l’orange, le pain, la banane, le lait, la pomme, la pomme de terre, le café ...
Englisch: butter, milk, potatoes, apple, egg, salad, hamburger ...

Tiere

Deutsch: Katze, Amsel, Hund, Kaninchen, Goldfisch, Salamander, Hamster ...
Französisch: le chien, le lapin, le cochon, le chat, la vache, l’oiseau, le cheval ...
Englisch: dog, cat, cow, horse, pig, bird, guinea-pig ...

Kleider

Deutsch: Schuhe, Pullover, Jacke, Socken, Mütze, Handschuhe, Hose ...
Französisch: la casquette, le pull, la jupe, le pantalon, la chaussette, la veste, le costume ...
Englisch: T-shirt, jeans, socks, shoes, skirt, shorts, coat ...

Fortbewegungsarten

Deutsch: gehen, laufen, rennen, hüpfen, schwimmen, fahren, fliegen, klettern, wandern, schleichen, stapfen, kommen ...
Französisch: aller, venir, nager, voler, traverser, entrer, danser ...
Englisch: go, run, swim, drive, fly, climb, come ...

Sprechen

Deutsch: reden, fragen, antworten, schreien, flüstern, lügen, bemerken, sprechen, sagen ...
Französisch: dire, demander, répondre, informer, expliquer, discuter, décrire ...
Englisch: say, ask, answer, inform, explain, discuss ...

Wörterreihen 2: Finde den Oberbegriff – semantischer Aspekt

Beim Finden von Oberbegriffen werden außer dem Arbeitsspeicher (die Wörter müssen für kurze Zeit behalten werden) auch höhere kognitive und sprachliche Fähigkeiten wie Wortschatz und Abstraktionsfähigkeit trainiert.

Aufgabe: Die Kinder notieren auf einem Blatt die Oberbegriffe zu den Wörterreihen, die Sie vorlesen.
Vorgehen und Punktevergabe: Für jeden richtig genannten Oberbegriff gibt es 2 Punkte.

Hinweis: Das Definieren von Oberbegriffen ist anspruchsvoll. Akzeptieren Sie alles als Lösung, was als Oberbegriff betrachtet werden kann. Beispiele finden Sie in den Lösungen unter den Wörterreihen.

Gruppe 1

1. Osterglocken, Veilchen, Rosen
2. Hund, Wellensittich, Fuchs
3. Bohnen, Tomaten, Kartoffeln
4. Bananen, Orangen, Äpfel
5. gelb, rot, blau, grün
6. Auto, Schiff, Flugzeug
7. Jacke, Mütze, Schuhe

Mögliche Lösungen:
1. Blumen. 2. Tiere, Vierbeiner. 3. Gemüse. 4. Früchte. 5. Farben. 6. Transportmittel, Verkehrsmittel. 7. Kleider.

Gruppe 2

1. Kugelschreiber, Bleistift, Füller
2. Fahrrad, Roller, Motorrad
3. Ordner, Buch, Heft
4. Kamel, Krokodil, Giraffe
5. Forelle, Barsch, Hai
6. Faden, Nadel, Schere
7. Violine, Klavier, Trompete

Mögliche Lösungen:
1.Schreibwerkzeug. 2.Zweiräder, Fahrzeuge. 3. Schulsachen. 4. Exotische Tiere, Zootiere. 5. Fische. 6. Schneiderwerkzeug, Werkzeug. 7. Musikinstrumente

Gruppe 3

1. Buch, Zeitung, Zeitschrift
2. Blumen, Tiere, Menschen
3. Eishockey, Skifahren, Snowboarden
4. hoch, tief, laut, leise
5. Türe, Fenster, Kamin
6. Computer, Schreibmaschine, Kugelschreiber
7. Milch, Kaffee, Sirup

Mögliche Lösungen:
1. Lesestoff. 2. Lebewesen, Natur. 3. Wintersport, Sport. 4. Tonhöhen. 5. Hausteile, Hausöffnungen. 6. Schreibgeräte. 7. Getränke.

Gruppe 4

1. singen, klatschen, pfeifen
2. kalt, kühl, warm
3. fahren, fliegen, schwimmen
4. weich, glatt, struppig
5. Berg, Tal, See
6. laut, leise, dröhnend
7. Wasser, Kaffee, Essig

Mögliche Lösungen:
1. Musik machen, Töne erzeugen. 2. Temperaturempfindungen. 3. Fortbewegungsarten. 4. Tastempfindungen, Oberflächenstrukturen. 5. Geografische Begriffe. 6. Lautstärken. 7. Flüssigkeiten.

Wörterreihen 3: Gleiche und verschiedene Laute – Phonematischer Aspekt

Bei den folgenden Übungen stehen Laute im Mittelpunkt. Langjährigen Forschungen zeigen, dass bei vielen Kindern mit Lernproblemen die phonologischen Fähigkeiten zu wenig entwickelt sind. Dies gilt vor allem (aber nicht nur!) für Lernende mit Lese-Rechtschreibschwäche (LRS). Neben der Aufmerksamkeit werden mit den Wörterreihen 3 auch die basalen phonologischen Fähigkeiten trainiert.

Aufgabe: Die Kinder wiederholen die Wörterreihen, die Sie vorlesen. Vorgehen und Punktevergabe siehe S. 25.

Hinweise:
- *Trainieren Sie auch mit Unsinnwörtern (B). Sinnfreie Wörter trainieren ausschließlich den Arbeitsspeicher. Die Aufgabe ist sehr schwierig, weil man sich unter dem Gehörten nichts vorstellen kann. Beginnen Sie deshalb mit einer kleinen Anzahl, drei genügen für den Anfang.*
- *Je länger die Wörter sind, desto schwieriger sind sie zu behalten!*
- *Die vorgeschlagenen Übungswörter können durch beliebige andere Wörter ersetzt werden, die sich nach immer wieder neuen Regeln und in unterschiedlichen Schwierigkeitsgraden zusammenstellen lassen.*

A Sinnvolle Wörter mit gleichem Anlaut oder gleichem Vokal

Einsilbige Wörter mit gleichem Anlaut

Haus	Hund	Hof				
Band	Bart	Blei	Bund			
Hand	Hof	Hund	Haus	Huf		
Rund	Rind	rot	Ruth	Raub	Ren	
Mond	Maus	man	Mist	Mehl	Mark	Mut

Brot	Brei	Braut				
Ton	Turm	Tag	Tier			
blau	Blei	blind	blöd	blass		
Sand	Sieb	soll	Sitz	sind	Salz	
Los	leer	lass	Lied	lieb	Lob	lang

Mehrsilbige Wörter mit gleichem Anlaut

Laune	lila	Lupe	Lasso		
Esel	essen	Erde	Emil		
Ananas	Afrika	Annika	Alpinist		
Boxenstopp	Banane	Bindehaut	Bahnhofdach	Bordzeitung	
Dunkelziffer	Daunendecke	Dotterblume	Dienstagabend	Deziliter	
Fischerboote	Fingerabdruck	Feuerwehrmann	Feuerschlucker	Felsenhöhle	Fertiggericht
Nummernstempel	Nudelsalat	Notenschlüssel	Nebelhörner	Nordeuropa	Niederlande
Sonnenblume	Sonntagszeitung	Schmutzzulage	Schiedsrichterin	Sportmedizin	Sägereiwerk

Einsilbige Wörter mit gleichem Vokal

Mond	Hof	Sohn	Hohn	Thron	Ton
Fell	nett	klemm	Bett	fett	hell
Hans	Mann	Wand	Band	Rand	Sand
Mut	Huf	Gut	Ruf	Blut	Wut
Wind	Sinn	Kind	Milch	Tim	List
blöd	dröhnt	hört	stöhnt	tönt	löst

Mehrsilbige Wörter mit dem gleichen ersten Vokal

Wunde	Kurve	Hunde	summen	Tundra	Gurke
Garten	saftig	gaben	warten	sahen	malen
Hufeisen	Hutablage	Mutprobe	Wutanfall	Kurhotel	Spurensuche
Sandhaufen	Wagenrad	Tragetuch	Wandanstrich	Badeschaum	Raddeckel
Brotrinde	Rosenstock	Hosenbein	Botendienst	Bootshäuser	Lobgesang
Wiesenrand	Nikolaus	Riegelhaus	Silberdraht	Tintenfass	Riesenrad

B Unsinnwörter mit gleichem Anlaut oder gleichem Vokal

Einsilbige Wörter mit gleichem Anlaut

kans	kulk	kest	kirk	konk
gord	gest	gupf	galm	girt
tint	taps	tert	tus	tok
sard	seg	sung	sod	sort
mun	mas	mis	meg	mogt
nat	nerg	nust	nilf	nofg

Mehrsilbige Wörter mit gleichem Anlaut

mane	meri	musa	mote	mila
gera	gusi	gole	gira	gato
loresi	lumisa	lemina	lasero	lifola
rodusa	risalu	ranale	relago	ralifo
bametifo	bisotale	bemilago	betafide	bameroki
timelola	teritaso	tibegola	tiledeta	tekirona

Einsilbige Wörter mit gleichem Vokal

dol	gom	rof	dog	wog	
sut	duf	fug	gur	lum	
sim	gig	rig	dif	nir	
def	feg	hef	det	reg	
wom	son	rog	fog	gos	dot
fag	sad	haf	gan	has	kal

Mehrsilbige Wörter mit dem gleichen ersten Vokal

fonimo	gotaki	rogeli	soteme	wonemi
demino	retime	tesita	gerika	henime
kolika	hotere	losera	moreli	noreka
wunabi	bunema	fulika	gusabo	suniwa

C Wörter mit phonologischen Unterschieden: Was passt nicht dazu?

Ein Vokal ist anders!

Haus	Maus	Laus	Lied
Wand	Hund	Band	Sand
Holz	Wind	Kind	Bild
Kerze	Welle	Bude	Kelle
Meter	Vater	Peter	Wetter
Boden	Socken	Pickel	Wolken
Wasser	Kasse	Flosse	Ratte
Suppe	Wunde	Kugel	Rinde
legen	ragen	sagen	wagen

Wörterreihen 4: Nomen, Verben, Adjektive – grammatischer Aspekt

Die folgenden Wörter sind nach Wortarten zusammengestellt.
Spielen Sie mit älteren Kindern und Jugendlichen auch in Fremdsprachen.

Aufgabe: Die Kinder wiederholen die Wörterreihen, die Sie vorlesen.
Vorgehen und Punktevergabe siehe S. 25.

Hinweise:
- *Passen Sie die Wörter dem aktuellen Schulstoff an, vielleicht in Zusammenarbeit mit den Kindern.*
- *Die Anzahl Wörter, die den Kindern pro Reihe vorgelesen werden, richtet sich nach dem Alter und den Fähigkeiten.*

Nomen

Deutsch:	Haus, Baum, Sand, Wiese, Blume, Fisch, Reh, Tanne, Vogel Morgen, Brot, Hand, Fenster, Gitarre, Orange, Butter, Schrank
Französisch:	la maison, l'arbre, la fleur, le poisson, l'oiseau, le livre, le crayon le pain, le jouet, la main, la fenêtre, la guitare, le citron, le soir
Englisch:	house, fish, tree, bird, sun, weather, wind, cow, pencil, sheep bread, morning, window, hand, dream, table, eye, apple, car

Verben

Deutsch:	singen, schreiben, lesen, schauen, schlafen, lachen, weinen helfen, träumen, ausgehen, blasen, verreisen, hören, tanzen
Französisch:	écrire, lire, voir, dormir, aller, rire, pleurer, vendre , sauter chanter, briller, aider, jouer, rêver, saluer, marquer, prendre
Englisch:	write, sing, read, see, sleep, laugh, cry, bring, call, push help, dance, dream, travel, go, hear, talk, jump, give

Adjektive

Deutsch:	fröhlich, wach, glücklich, schön, zufrieden, grün, kalt weiß, gelb, grün, rot, blau, lila, schwarz, rosa, braun
Französisch:	vert, froid, chaud, tôt, vieux, grave, énorme, beau jaune, vert, rouge, lila, bleu, noir, blanc, rose, beige
Englisch:	warm, happy, green, cold, tired, nice, dark, long yellow, red, blue, green, white, black, violet, brown

Wörterreihen 5: Wortfamilien – morphematischer Aspekt

Wörterreihen mit Wortfamilien trainieren einerseits Wörter, die auf Morphemebene miteinander verwandt sind, andererseits aktivieren und erweitern sie den Wortschatz.

Aufgabe: Die Kinder wiederholen die Wörterreihen, die Sie vorlesen.
Vorgehen und Punktevergabe siehe S. 25.

haus: Häuser, häuslich, Haustür, Hundehäuser, hausen, Häusermeer, Hausbau ...

end: unendlich, endlich, Ende, Endzeit, Endspiel, beenden, endlos ...

bau: anbauen, Baugeschäft, Fuchsbau, umbauen, verbaut, Vorbau, Baujahr ...

flieg: abfliegen, hinfliegen, Fliege, Fliegendreck, überfliegen, fliegend, Flieger ...

geh: hingehen, Gehsteig, aufgehen, untergehen, vergehen, zergehen, Vergehen ...

fahr: Fahrzeuge, vorfahren, wegfahren, Fahrplan, Fahrt, Abfahrt, Wegfahrt ...

steh: Stehbar, aufstehen, anstehen, verstehen, Stehplatz, Entstehung, erstehen ...

früh: Frühstück, früh, verfrüht, Frühling, Frühschicht, frühzeitig, Frühe ...

ferien: Winterferien, Schulferien, Ferienort, Skiferien, Ferienbeginn, Ferienpläne, Ferientag ...

fern: Fernseher, Fernsicht, Fernglas, entfernen, entfernt, Ferne, Entfernung ...

herr: herrlich, Herr, Herrenmantel, Herrenabend, Gutsherr, Hausherr, Herrenschuhe ...

komm: kommen, Einkommen, bekommen, bekömmlich, vorkommen, willkommen, wegkommen ...

dreh: Drehscheibe, drehen, verdrehen, umdrehen, andrehen, Drehorgel, überdreht ...

samm: sammeln, Sammlung, Versammlung, Besammlung, Sammelwut, Sammlerobjekt, Ansammlung ...

sitz: sitzen, besitzen, Besitztum, Kindersitz, nachsitzen, Sitzgelegenheit, Vorsitzender ...

stell: Zahlstelle, stellen, verstellen, Stellwerk, entstellt, wegstellen, Flickstelle ...

zahl: zahlen, unbezahlbar, Zähler, bezahlbar, Zählerstand, Zahlstelle, nachzahlen ...

zieh: ziehen, aufziehen, beziehen, umziehen, wegziehen, abziehen, Überzieher ...

bild: bilden, Bildung, Vorbild, bildhaft, Einbildung, ausbilden, Bilderbuch ...

schau: schauen, überschaubar, Schaukasten, wegschauen, anschaulich, nachschauen, Vorschau ...

A3-1 Mein Name: .... Mitspieler/in: .... Datum: ....

Protokollblatt für Wörterreihen mit 3 Wörtern

Lass dir 3 Wörter vorsprechen und wiederhole sie vorwärts und rückwärts.
Für jedes Wort, das du richtig nennst, notiert dein Lernpartner/deine Lernpartnerin 2 Punkte.
Hast du die Wörter nicht in der richtigen Reihenfolge genannt, gibt es 1 Punkt Abzug.

	1. Wort	2. Wort	3. Wort	Punkte
vorwärts sprechen				
rückwärts sprechen				

	1. Wort	2. Wort	3. Wort	Punkte
vorwärts sprechen				
rückwärts sprechen				

	1. Wort	2. Wort	3. Wort	Punkte
vorwärts sprechen				
rückwärts sprechen				

	1. Wort	2. Wort	3. Wort	Punkte
vorwärts sprechen				
rückwärts sprechen				

So viele Punkte hat mein Superhirn heute geholt:

A3-2 Mein Name: .... Mitspieler/in: .... Datum: ....

Protokollblatt für Wörterreihen mit 4 Wörtern

Lass dir 4 Wörter vorsprechen und wiederhole sie vorwärts und rückwärts.
Für jedes Wort, das du richtig nennst, notiert dein Lernpartner/deine Lernpartnerin 2 Punkte.
Hast du die Wörter nicht in der richtigen Reihenfolge genannt, gibt es 1 Punkt Abzug.

	1. Wort	2. Wort	3. Wort	4. Wort	Punkte
vorwärts sprechen					
rückwärts sprechen					

	1. Wort	2. Wort	3. Wort	4. Wort	Punkte
vorwärts sprechen					
rückwärts sprechen					

	1. Wort	2. Wort	3. Wort	4. Wort	Punkte
vorwärts sprechen					
rückwärts sprechen					

	1. Wort	2. Wort	3. Wort	4. Wort	Punkte
vorwärts sprechen					
rückwärts sprechen					

So viele Punkte hat mein Superhirn heute geholt:

A3-3 Mein Name: .... Mitspieler/in: .... Datum: ....

Protokollblatt für Wörterreihen mit 5 Wörtern

Lass dir 5 Wörter vorsprechen und wiederhole sie vorwärts und rückwärts.
Für jedes Wort, das du richtig nennst, notiert dein Lernpartner/deine Lernpartnerin 2 Punkte.
Hast du die Wörter nicht in der richtigen Reihenfolge genannt, gibt es 1 Punkt Abzug.

	1. Wort	2. Wort	3. Wort	4. Wort	5. Wort	Punkte
vorwärts sprechen						
rückwärts sprechen						

	1. Wort	2. Wort	3. Wort	4. Wort	5. Wort	Punkte
vorwärts sprechen						
rückwärts sprechen						

	1. Wort	2. Wort	3. Wort	4. Wort	5. Wort	Punkte
vorwärts sprechen						
rückwärts sprechen						

	1. Wort	2. Wort	3. Wort	4. Wort	5. Wort	Punkte
vorwärts sprechen						
rückwärts sprechen						

So viele Punkte hat mein Superhirn heute geholt:

A3-4 Mein Name: .... Mitspieler/in: .... Datum: ....

Protokollblatt für Wörterreihen mit 6 Wörtern

Lass dir 6 Wörter vorsprechen und wiederhole sie vorwärts und rückwärts.
Für jedes Wort, das du richtig nennst, notiert dein Lernpartner/deine Lernpartnerin 2 Punkte.
Hast du die Wörter nicht in der richtigen Reihenfolge genannt, gibt es 1 Punkt Abzug.

	1. Wort	2. Wort	3. Wort	4. Wort	5. Wort	6. Wort	Punkte
vorwärts sprechen							
rückwärts sprechen							

	1. Wort	2. Wort	3. Wort	4. Wort	5. Wort	6. Wort	Punkte
vorwärts sprechen							
rückwärts sprechen							

	1. Wort	2. Wort	3. Wort	4. Wort	5. Wort	6. Wort	Punkte
vorwärts sprechen							
rückwärts sprechen							

	1. Wort	2. Wort	3. Wort	4. Wort	5. Wort	6. Wort	Punkte
vorwärts sprechen							
rückwärts sprechen							

So viele Punkte hat mein Superhirn heute geholt:

A3-5 Mein Name: .... Mitspieler/in: .... Datum: ....

Protokollblatt für Gedächtniskünstler (7 Wörter)

Lass dir 7 Wörter vorsprechen und wiederhole sie vorwärts und rückwärts.
Für jedes Wort, das du richtig nennst, notiert dein Lernpartner/deine Lernpartnerin 2 Punkte.
Hast du die Wörter nicht in der richtigen Reihenfolge genannt, gibt es 1 Punkt Abzug.

	1. Wort	2. Wort	3. Wort	4. Wort	5. Wort	6. Wort	7. Wort	Punkte
vorwärts sprechen								
rückwärts sprechen								

	1. Wort	2. Wort	3. Wort	4. Wort	5. Wort	6. Wort	7. Wort	Punkte
vorwärts sprechen								
rückwärts sprechen								

	1. Wort	2. Wort	3. Wort	4. Wort	5. Wort	6. Wort	7. Wort	Punkte
vorwärts sprechen								
rückwärts sprechen								

	1. Wort	2. Wort	3. Wort	4. Wort	5. Wort	6. Wort	7. Wort	Punkte
vorwärts sprechen								
rückwärts sprechen								

So viele Punkte hat mein Superhirn heute geholt:

A3-6 Mein Name: .... Mitspieler/in: .... Datum: ....

Meine Wörterreihen

Meine Wörter 1

Meine Wörter 2

Meine Wörter 3

Meine Wörter 4

Meine Wörter 5

Meine Wörter 6

Meine Wörter 7

Meine Wörter 8

A3-7 Mein Name: .... Mitspieler/in: .... Datum: ....

ABC-Spiel

A .... **N** ....

B .... **O** ....

C .... **P** ....

D .... **Q** ....

E .... **R** ....

F .... **S** ....

G .... **T** ....

H .... **U** ....

I .... **V** ....

J .... **W** ....

K .... **X** ....

L .... **Y** ....

M .... **Z** ....

Meine Punkte:

A4 Texte

In diesem Kapitel wird eine Auswahl ganz unterschiedlicher Texte – Märchen, Geschichten, Sachtexte – angeboten. Sie sind unterschiedlich lang und richten sich an Kinder ab ca. 9 Jahren. Wenn Ihnen die Texte zu einfach oder zu schwierig erscheinen, können Sie sie ohne weiteres ersetzen. Stöbern Sie in Ihrem Bücherschrank!

Die Geschichten sind in erster Linie zum Vorlesen gedacht, denn es geht ja darum, das akustische Arbeitsgedächtnis zu trainieren. Wählen Sie Texte, deren Schwierigkeitsgrad den Lernenden möglichst gut entspricht. Wenn Sie mit Gruppen arbeiten, empfiehlt es sich, zwischen Sachtexten und Erzählungen abzuwechseln.

Im Anschluss an das Vorlesen der Texte werden Fragen gestellt. Jeder Text liegt als Kopiervorlage vor, dazu gibt es ein Arbeitsblatt mit Fragen. Für Kinder, die gerne selber Fragen suchen, steht ein Blanko-Arbeitsblatt (A4-16) zur Verfügung, auf dem auch Platz für die Antworten eines Lernpartners oder einer Lernpartnerin vorgesehen ist.
Jede Frage und jede richtige Antwort ergibt einen Punkt.

Hinweis: Beim Arbeiten mit einer Gruppe empfiehlt sich das Aufschreiben der Antworten. Im Einzelunterricht können die Fragen auch mündlich beantwortet werden.

Ein Aufmerksamkeitstraining mit Texten bietet vielseitige Möglichkeiten:

Variante 1: Vorgegebene Fragen zu Texten beantworten

Vorgehen

Der Text wird vorgelesen. Die Kinder hören aufmerksam zu. Anschließend bekommen sie das Antwortblatt und beantworten die Fragen individuell. Im Kästchen wird die Summe der Punkte eingetragen.

> *Erklärungen für die Lernenden*
> Passt gut auf und merkt euch die Einzelheiten der Geschichte, die ihr hört. Anschließend sollt ihr ein paar Fragen dazu beantworten. Für jede richtige Antwort gibt es 1 Punkt.

Hinweis: Sie können auch ein Kind vorlesen lassen. Beachten Sie jedoch, dass es für die meisten Kinder schwieriger ist, Texte zu verstehen, wenn sie sie laut gelesen haben.

Variante 2: Eigene Fragen zu Texten formulieren

Vorgehen

Jedes Kind erhält das Blanko-Arbeitsblatt A4-16 oder ein neutrales Schreibblatt.
Lesen Sie den Text vor und lassen Sie die Kinder eigene Fragen erfinden, die sie dann einem Lernpartner stellen dürfen. Die Antworten können mündlich oder schriftlich erteilt werden

Hinweis: Es ist gar nicht so einfach, Fragen zu finden, die sich beantworten lassen. Punkte gibt es nur für solche Fragen!

> *Erklärungen für die Lernenden*
> Passt gut auf und merkt euch die Einzelheiten der Geschichte, die ihr hört. Denkt euch ein paar Fragen aus und schreibt sie auf. Anschließend setzt ihr euch paarweise zusammen und stellt einander die Fragen, die ihr aufgeschrieben habt. Für jede richtige Antwort gibt es 1 Punkt. Für jede Frage, auf die euer Lernpartner die richtige Antwort findet, bekommt ihr ebenfalls 1 Punkt.

Variante 3: Fragen zu Texten mit Hilfe von Stichwörtern beantworten

Vorgehen

Jedes Kind erhält ein Notizblatt, auf dem es Stichwörter festhalten kann.

Diese Variante empfiehlt sich besonders beim Arbeiten mit jüngeren Kindern. Auf diese Weise lernen sie, das Wesentliche festzuhalten. Stichwörter finden und Notizen machen ist eine große Hilfe für Lernende aller Altersstufen. Bei jüngeren Schülerinnen und Schülern können Sie die wichtigen Stichwörter nennen.

> *Erklärungen für die Lernenden*
> Hört aufmerksam zu und merkt euch die Einzelheiten der Geschichte, die ich euch vorlese. Nach jedem Abschnitt werde ich eine kleine Pause machen, damit ihr die wichtigsten Stichwörter notieren könnt.

Variante 4: Texte zum Merken in der Wochenplan- oder Werkstattarbeit

Texte zum Merken lassen sich auch als Partnerarbeit in einen Wochenplan oder in eine Werkstatt integrieren. Passen Sie die Texte dem aktuellen Stoff an. Beachten Sie bei der Auswahl die sprachliche Komplexität der Texte – sie sollte den Möglichkeiten der Lernenden möglichst gut angepasst sein.

Variante 5: Bestimmte Wörter bzw. Wortarten heraushören

Ein effizientes Aufmerksamkeitstraining lässt sich auch durchführen, indem Sie die Schülerinnen und Schüler während des Vorlesens bestimmte Wörter zählen lassen:

- alle „die"
- alle „Pferd" (oder ein anderer Begriff, der häufig vorkommt in der Geschichte)
- alle Verben
- alle Substantive/Nomen
- ...

Hinweise:

- *Wenn Sie die Wörter aufschreiben lassen (Verben, Substantive), müssen Sie langsam genug vorlesen, damit genügend Zeit zum Schreiben vorhanden ist. Strichlisten sind einfacher.*
- *Erwarten Sie nicht, dass die Kinder bei solchen Übungen auch noch den Inhalt erfassen können!*

Variante 6: Wörter oder Silben zählen

Die Aufmerksamkeit lässt sich auch auf der Ebene von Wörtern oder Silben trainieren. Lassen Sie dazu die Kinder satzweise Wörter oder Silben zählen und ihre Anzahl nach jedem Satz notieren. Lesen Sie ganz langsam und deutlich, Wort für Wort vor, sodass auch langsamere Lernende mitzählen können!

Hinweis: Die Aufgabe, Wörter oder Silben herauszuhören, ist Kindern ab der 2. Klasse möglich.
Ältere Kinder oder Jugendliche und Erwachsene können auch über einen ganzen Abschnitt hinweg die Wörter oder Silben zählen.

Variante 7: Geschichten für Lügendetektive

Bauen Sie in Ihre Texte verschiedene „Lügen" ein (Widersprüche, Unmögliches, Unpassendes), die gefunden werden müssen. Ein Beispiel finden Sie im Anschluss an die Geschichte „Des Kaisers neue Kleider".

Vorgehen

Jedes Kind erhält das Arbeitsblatt A4-6b.
Lesen Sie die Geschichte vor. Die Lernenden hören aufmerksam zu und versuchen die „Lügen" zu entdecken.

> *Erklärungen für die Lernenden*
> Hört gut zu. In der Geschichte sind 5 „Lügen" versteckt. Wer eine „Lüge" hört, trägt sie auf dem Arbeitsblatt ein. Jede entdeckte „Lüge" gibt einen Punkt.

Hinweis: Es ist nicht einfach „Lügen" zu finden, die man aus dem Zusammenhang der Geschichte aufdecken kann. Wenn man die Geschichte gut kennt, ist es einfacher. Auf jeden Fall erfodert diese Aufgabe höchste Aufmerksamkeit – sowohl von dem, der die „Lügen" einbaut als auch von den Zuhörern!

A4-1a Mein Name: .... Datum: ....

Cheyennenkinder

Sachtext

Im Dorf der Cheyennen bestimmten die Frauen den Ablauf des täglichen Lebens. Sie waren zuständig für das Essen, die Kleidung und den Aufbau der Zelte, der so genannten Tipis.

Die kleinen Mädchen blieben im Dorf. Sie halfen ihrer Mutter und lernten dabei spielend die Aufgaben kennen, die sie als erwachsene Frauen zu erfüllen hatten.

Die Jungen trainierten Schnelllauf und den Umgang mit Pfeil und Bogen. Zwischen zwölf und vierzehn Jahren durfte ein Indianerjunge seine erste richtige Jagd mitmachen. Gelang es ihm dabei, einen Büffel zu erlegen, wurde er von seiner Familie ausgiebig gelobt.

Bereits mit fünfzehn Jahren begleiteten die Cheyennenjungen die Männer auf ihren Kriegszügen. Von da an galten sie als Mann, auch wenn sie noch viel zu lernen hatten.

A4-1b Mein Name: .... Datum: ....

Cheyennenkinder

Fragen zum Text

1. Wer bestimmte den Ablauf des täglichen Lebens?

2. Wofür waren die Frauen zuständig?

3. Was lernten die Mädchen?

4. Was lernten die Jungen?

Meine Punkte: ☐

A4-3a Mein Name: .... Datum: ....

Mit dem Pferd auf Büffeljagd

Sachtext

Das Pferd war den Indianern unbekannt, bevor die Spanier den neuen Erdteil entdeckten. Als die Indianer die ersten Pferde erspähten, hatten sie kein Wort, um diese Tiere zu benennen. Sie nannten sie „grasfressende Hunde".

Die Prärieindianer schafften es, die entlaufenen und verwilderten Pferde der Spanier einzufangen und zu zähmen. Sie kamen mit den Pferden so gut zurecht, dass sie bald als die besten Reiter der Welt galten.

Viele Indianerstämme, die sich bis dahin mühsam vom Ackerbau ernährt hatten, gingen nun als stolze Reiter auf Büffeljagd. Mit ihren schnellen Pferden erbeuteten sie viel Fell und Fleisch, aber niemals erlegten sie mehr Tiere, als sie zum Leben brauchten.

A4-3b Mein Name: .... Datum: ....

Mit dem Pferd auf Büffeljagd

Fragen zum Text

1. Wann lernten die Indianer Pferde kennen?

2. Wie nannten sie die Pferde?

3. Was konnten die Prärieindianer besonders gut?

4. Was erbeuteten die Indianer?

Meine Punkte: ☐

A4-2a Mein Name: .... Datum: ....

Cheyennenbabys

Sachtext

Bald nach der Geburt erhielt ein Indianerbaby seinen Namen. Jungen wurden oft nach einem Tier benannt, z. B. Mächtiger Büffel oder Gefleckter Wolf.

Mädchennamen erhielten den Zusatz „Frau". Sie wurden Eulen-Frau, Bisonkalb-Frau oder Adler-Frau genannt.

Cheyennenbabys wurden überallhin mitgenommen. Die Mutter schnürte ihr Baby auf ein Wiegenbrett. Dieses Brett trug sie auf dem Rücken oder hakte es im Sattel ein.

Die Kleinen wurden mit viel Liebe behandelt. Nur eines durften sie nicht – schreien! Damit hätten sie den Standort des Lagers verraten können.

A4-2b Mein Name: .... Datum: ....

Cheyennenbabys

Fragen zum Text

1. Was für Namen bekamen Cheyennejungen?

2. Wie wurden Mädchen genannt?

3. Wie transportierten die Mütter ihre Babys?

4. Warum durften Babys nicht schreien?

Meine Punkte: ☐

A4-4a Mein Name: .... Datum: ....

Die Macht der Geister

Sachtext

Für die Prärieindianer war alles um sie herum mit Geistern und unsichtbaren Mächten erfüllt. Sonne, Berge, Adler, Schlangen und Biber – sie alle hatten geheimnisvolle Kräfte oder spendeten Medizin.

Um die Geister günstig zu stimmen, mussten immer wieder bestimmte Rituale ausgeführt werden. So wurden bestimmte Esswaren oder Getränke für sie bereitgestellt, Früchte und Gemüse wurden geopfert. In stundenlangen bald langsamen, bald blitzschnell wirbelnden Tänzen beschwörten die Prärieindianer die Geister. Diese Rituale unter der Leitung eines Medizinmannes konnten Tage dauern.

Dem Medizinmann wurden besondere Kräfte zugeschrieben. Er kannte die heilkräftigen Pflanzen und wusste Krankheiten zu heilen. Er konnte seine Kräfte nutzen, um die Zukunft vorauszusagen oder Liebeszauber auszusprechen. Er konnte sie verwenden, um verirrte Tiere aufzufinden, gutes Wetter zu bewirken oder Regen zu machen.

A4-4b Mein Name: .... Datum: ....

Die Macht der Geister

Fragen zum Text

1. Welche Wesen besaßen besondere Kräfte?

2. Wer heilte die Krankheiten der Indiander?

3. Was taten die Indianer, um die Geister günstig zu stimmen?

4. Was konnte der Medizinmann alles?

Meine Punkte: ☐

A4-5a Mein Name: .... Datum: ....

Des Kaisers neue Kleider

Märchen

Es war einmal ein Kaiser, der gab sein ganzes Geld für kostbare Kleider aus. Prunkvoll gekleidet zeigte er sich dann seinem Volk.

Eines Tages kamen zwei Betrüger in die Stadt. Sie behaupteten, sie könnten weit und breit die schönsten Kleider machen. Diese Kleider seien für jeden unsichtbar, der nicht für sein Amt tauge.

„Das ist gut!", dachte der Kaiser. „Wenn ich solche Kleider habe, merke ich, wer etwas taugt in meinem Reich und wer dumm ist."

Er gab den beiden viel Geld und freute sich auf die bestellten Gewänder. Die beiden Betrüger setzten sich vor zwei leere Webstühle, taten, als ob sie arbeiteten und verlangten noch mehr Geld.

Nach einiger Zeit schickte der Kaiser seinen weisesten Minister, um nachzusehen, wie weit die Arbeit sei, denn er selbst traute sich nicht.

„O je!", dachte der Minister erschrocken „Ich kann ja gar nichts sehen! Sollte ich etwa so dumm sein?"

Laut aber sagte er: „Oh, wie entzückend. Der Kaiser wird sich freuen!"

Es kam der Tag, an dem sich der Kaiser in seinen neuen Kleidern zeigen sollte. Die Betrüger hoben die Arme, so als ob sie etwas in den Händen hielten.

„Wie schrecklich! Ich sehe nichts!", dachte der Kaiser zutiefst erschrocken. Er tat aber nicht dergleichen und verlangte, sie sollten ihm Mantel und Hose anziehen.

„Die Kleider passen dem Kaiser wie angegossen!", sagten die Minister.

„Ei, wie herrlich er aussieht", rief das Volk, als er durch die Menge schritt.

„Aber der Kaiser hat ja gar nichts an", sagte endlich ein kleines Kind. Und einer flüsterte es dem andern weiter.

„Der Kaiser hat ja gar nichts an!", riefen immer mehr Leute.

Da erschrak der Kaiser, denn es schien ihm, dass das Volk recht hätte. Er ging aber weiter, wie wenn nichts gewesen wäre.

A4-5b Mein Name: .... Datum: ....

Des Kaisers neue Kleider

Fragen zum Märchen

1. Was war angeblich das Besondere an den neuen Kleidern?

____

2. Warum gab der Minister nicht zu, dass er nichts sah?

____

3. Was sprach der Minister?

____

4. Was sagte das kleine Kind?

____

Meine Punkte: [ ]

A4-6b Mein Name: .... Datum: ....

Des Kaisers neue Kleider

Lügen

Lüge 1: ______________________________

Lüge 2: ______________________________

Lüge 3: ______________________________

Lüge 4: ______________________________

Lüge 5: ______________________________

Meine Punkte: [ ]

A4-6a Mein Name: .... Datum: ....

Des Kaisers neue Kleider

Lügengeschichte

Es war einmal ein Kaiser, der gab sein ganzes Geld für kostbare [Autos] aus. Prunkvoll gekleidet zeigte er sich dann seinem Volk.

Eines Tages kamen zwei Betrüger in die Stadt. Sie behaupteten, sie könnten weit und breit die schönsten Kleider machen. Diese Kleider seien für jeden unsichtbar, der nicht für sein Amt tauge.

„Das ist gut!", dachte der Kaiser. „Wenn ich solche Kleider habe, merke ich, wer etwas taugt in meinem Reich und wer dumm ist."

Er gab den beiden viel [Obst] und freute sich auf die bestellten Gewänder. Die beiden Betrüger setzten sich vor zwei leere Webstühle, taten, als ob sie arbeiteten und verlangten noch mehr Geld.

Nach einiger Zeit schickte der Kaiser seinen weisesten [Diener], um nachzusehen, wie weit die Arbeit sei, denn er selbst traute sich nicht.

„O je!", dachte der Minister erschrocken „Ich kann ja gar nichts sehen! Sollte ich etwa so dumm sein?"

Laut aber sagte er: „Oh, wie entzückend. Der Kaiser wird sich freuen!"

Es kam der Tag, an dem sich der Kaiser in seinen neuen Kleidern zeigen sollte. Die Betrüger hoben die Arme, so als ob sie etwas in den Händen hielten.

„'Wie schrecklich! Ich sehe nichts!", dachte der Kaiser zutiefst erschrocken. Er tat aber nicht dergleichen und verlangte, sie sollten ihm [Mütze] und Hose anziehen.

„Die Kleider passen dem Kaiser wie angegossen!", sagten die Minister.

„Ei, wie herrlich er aussieht", rief das Volk, als er durch die Menge schritt.

„Aber der Kaiser hat ja gar nichts an", sagte endlich ein [altes Weiblein]. Und einer flüsterte es dem andern weiter.

„Der Kaiser hat ja gar nichts an!", riefen immer mehr Leute.

Da erschrak der Kaiser, denn es schien ihm, dass das Volk recht hätte. Er ging aber weiter, wie wenn nichts gewesen wäre.

A4-7a Mein Name: .... Datum: ....

Georg der Drachentöter

Legende

In einer fernen Stadt geschahen vor vielen, vielen Jahren furchtbare Dinge. Ein Drache hauste in der Gegend und verbreitete Angst und Schrecken. Er raubte das reife Korn von den Feldern, brannte die Hütten der Bauern nieder und zerstörte alles, was sich ihm in den Weg stellte. Bald herrschten im ganzen Land Verzweiflung und Hunger.

Um den Drachen zu beruhigen, boten ihm die Bürger der Stadt jeden Tag einen Menschen an, der durch das Los ausgewählt worden war. Irgendwann fiel das Los auf die einzige Tochter des Königs, das schönste Mädchen des ganzen Landes.

Weinend nahm sie Abschied und machte sich auf den Weg zu dem Drachen. Unterwegs begegnete sie Ritter Georg. Als er von ihrem Unglück erfuhr, zögerte er nicht lange. Er betete zu Gott, zog seine Rüstung an, stieg auf sein Pferd und brach auf.

Sein Gebet wurde erhört. In einem langen, fürchterlichen Kampf besiegte er den Drachen und befreite das ganze Königreich.

Zu den Bürgern sprach er: „Dankt nicht mir. Gott hat mich geschickt, damit ich euch von dem Drachen befreie!" Kurz darauf war er verschwunden. Doch man sagte, dass er immer dort wieder erschien, wo Schwache und Unterdrückte seine Hilfe brauchten.

Seit dieser Zeit gilt der Heilige Georg als Schutzpatron aller Ritter.

A4-7b Mein Name: .... Datum: ....

Georg der Drachentöter

Fragen zur Legende

1. Wo spielt sich diese Geschichte ab?

____

2. Was alles tat der gefürchtete Drachen?

____

3. Wie gelang es Georg, den Drachen zu besiegen?

____

4. Was ist ein Schutzpatron? Was tut ein Schutzpatron?

____

Meine Punkte: [ ]

A4-8a Mein Name: .... Datum: ....

Vom Pagen zum Ritter

Sachtext

Im Mittelalter wollten viele junge Männer einmal Ritter werden. Dies war aber alles andere als einfach. Nur wer jahrelang einem angesehenen Burgherrn gedient hatte, konnte Ritter werden.

Mit sieben Jahren mussten die zukünftigen Ritter Mutter und Vater verlassen, um der Burgherrin als Page zu dienen. Die Arbeit war schwer. Ein Page hatte in Küche, Hof und Stall vieles zu erledigen.

Mit zwölf Jahren wurde der Page zum Knappen. Als Knappe lernte er alles, was ein Ritter können muss – reiten, jagen und wie man mit Schild und Lanze kämpft.

Er lernte aber auch gutes Benehmen, musizieren und zu tanzen. Lesen, Schreiben und Rechnen waren nicht so wichtig. Diese Künste beherrschten die wenigsten Ritter.

Mit achtzehn Jahren wurde der Knappe zum Ritter geschlagen. Wenn er seinem ersten Turnier Mut und Geschick bewiesen hatte, durfte er niederknien und musste schwören, immer den Gesetzen der Ritterschaft zu folgen. Dann bekam er von seinem Herrn einen leichten Schlag auf die Schulter. Damit war er in die Gemeinschaft der Ritter aufgenommen.

A4-8b Mein Name: .... Datum: ....

Vom Pagen zum Ritter

Fragen zum Text

1. **In welchem Alter begann die Ausbildung zum Ritter?**

2. **Für wen arbeiteten die Pagen?**

3. **In welchem Alter wurde ein Knappe zum Ritter geschlagen?**

4. **Wie lief das Ritual des Ritterschlags ab?**

Meine Punkte: ☐

A4-9a Mein Name: .... Datum: ....

Die Ausrüstung eines Ritters

Sachtext

Zu jedem Ritter gehörte Schild, Lanze, Pferd und Helm. Auf dem Helm und auf dem Schild war sein Wappen angebracht. Jeder Ritter hatte sein eigenes Wappen, auf dem Tiere und Symbole abgebildet waren. Ein Kreuz auf dem Schild bedeutete, dass der Besitzer ein besonders gottesfürchtiger und frommer Mann war. Ein Löwe im Wappen bedeutete Mut, das Wildschwein Kraft und der Schwan Schönheit.

Auch die Farben auf dem Schild hatten ihre besondere Bedeutung. Rot zum Beispiel war die Farbe des Königs. Nur besonders vornehme Ritter durften sie tragen. An den Wappen und Farben konnten die Ritter einander im Turnier erkennen.

Unter dem prächtigen Seidenmantel trug der Ritter sein kostbarstes Stück, das Kettenhemd. Es bestand aus unzähligen kleinen Eisenringen und war sehr wertvoll. Es sollte ihn im Turnier und in Kriegsgefechten vor lebensgefährlichen Verletzungen schützen. Erst in späteren Jahren kämpften die Ritter in schweren Eisenrüstungen.

A4-9b Mein Name: .... Datum: ....

Die Ausrüstung eines Ritters

Fragen zum Text

1. **Was gehörte zur Ausrüstung eines Ritters?**

2. **Nenne ein paar Wappentiere und ihre Bedeutung!**

3. **Wer durfte die Farbe Rot tragen?**

4. **Was schützt den Ritter vor gefährlichen Verletzungen?**

Meine Punkte: ☐

A4-10a Mein Name: .... Datum: ....

Lebensretter

Sachtext

Eine Gruppe chinesischer Bauern segelte den Jangtsekiang hinauf. Sie waren auf der Suche nach gutem Ackerland. Ihre Segelboote hatten sie beladen mit Proviant, Geräten und mit Sojabohnen für die Aussaat. Die anstrengende und gefährliche Fahrt dauerte viele Wochen. Aber die Bauern gaben nicht auf. Sie wollten zu den fruchtbaren Ufern am oberen Flusslauf.

Kurz vor dem Ziel kam ein Sturm auf. Die Boote gerieten in gefährliche Stromschnellen. Regen und Winde machten ihnen zu schaffen. Oft sah es aus, als würden sie in den tosenden Fluten untergehen. Nur mit viel Mühe konnten die Bauern ihre Boote über Wasser halten.

Bald war der Proviant zu Ende. Die Kräfte schwanden. Die Bauern hatten Angst zu verhungern. In ihrer Not erinnerten sie sich an die Sojabohnen. Sie nahmen die Säcke und rissen sie auf. Durch die Nässe an Bord waren die Bohnen feucht geworden. Aber verfault waren sie nicht. Sie hatten kleine, bleiche Wurzeln bekommen.

In ihrer Not stillten die Bauern mit diesen unbekannten Trieben ihren Hunger. Und siehe da: Die Keimlinge schmeckten köstlich und gaben den Männern frische Kraft und neuen Mut.

Wohlbehalten erreichten die Bauern das neue Land. Nie haben sie vergessen, dass die wundersamen Bohnenkeimlinge ihnen das Leben gerettet haben. Seitdem isst man in China Sojasprossen genau so gern wie bei uns Erbsen und Karotten.

A4-10b Mein Name: .... Datum: ....

Lebensretter

Fragen zum Text

1. **Wie reisten die chinesischen Bauern?**

2. **Wohin wollten sie?**

3. **Was hatten sie dabei?**

4. **Was geschah kurz vor dem Ziel?**

5. **Was fanden sie in den Säcken?**

Meine Punkte: ☐

A4-11b Mein Name: .... Datum: ....

Ein kleiner Ausreißer

Fragen zur Tiergeschichte

1. **Wem gehörte Felix?**

2. **Wie viele Mäuse wohnten im Mausekäfig?**

3. **Wo versteckte sich Felix, als er im Keller eingesperrt war?**

4. **Was sagte Martin, als er Felix fand?**

5. **Wovon träumte Felix?**

Meine Punkte: ☐

A4-11a Mein Name: .... Datum: ....

Ein kleiner Ausreißer Tiergeschichte

Es war einmal eine kleine, schüchterne Maus. Sie wohnte in einem schönen Käfig bei Familie Kaspar. Die hatte ihr den Namen Felix gegeben. Felix besaß noch fünf Geschwister und alle waren ziemlich vorsichtig und schüchtern.

Eines Tages, als der Käfig offen stand, nahm Felix all seinen Mut zusammen und rannte weg. Er erkundete das Haus und landete schließlich im Keller. Da wurde er eingesperrt. Ängstlich verkroch er sich jedesmal hinter einem Regal, wenn jemand in den Keller kam. Nach drei Tagen vergaß endlich einmal jemand, die Tür zu schließen und Felix war wieder frei.

Völlig außer Atem kam Felix beim Mausekäfig an. Er war völlig von Kräften, weil er tagelang nichts mehr gegessen und getrunken hatte. Er wartete vor dem Käfig und hoffte, dass ihn jemand hineinlassen würde.

Endlich kam Martin, der älteste Sohn der Familie. Er hob den kleinen Mäuserich behutsam auf und sagte: „Hallo, du Ausreißer. Zum Glück hat dich unsere Katze Max nicht erwischt. Wo warst du denn die ganze Zeit? Wir haben uns schon Sorgen gemacht!" Aber da Martin die Mäusesprache nicht verstand, schwieg Felix und ließ sich wieder in den Käfig setzen.

Kaum war er drin, kam die Katze angeschlichen und setzte sich vor den Käfig. Mit einem Mal wurde Felix klar, in welch großer Gefahr er sich befunden hatte. Wäre er noch länger in seinem Versteck geblieben, wäre er verhungert oder vom Kater gefressen worden! Er war froh, dass er den Mut gehabt hatte, sein Versteck hinter den Regalen zu verlassen und dass er das Glück gehabt hatte, von Martin gefunden zu werden, ehe Max ihn entdeckte.

Hungrig machte sich Felix über den Futternapf her, fraß ihn leer und legte sich schlafen. Er träumte von einem schönen langen Leben mit seinen Geschwistern und war glücklich.

Corina F.

A4-12a Mein Name: .... Datum: ....

Der Reiter vom Bodensee Sachtext

Einmal an einem Winterabend kam ein Reiter von Norden her zum Bodensee geritten. Sein Ziel lag am anderen Ufer des Sees. Er wusste, dass der See gefroren war, aber er wollte nicht über das heimtückische Eis hinweg reiten. Schon begann es zu dämmern. Der Reiter sah ringsherum nichts als Schnee und Nebel. Er war wohl vom Weg abgekommen. So vertraute er seinem Pferd und hoffte, dass es ihn zu Menschen führen würde, die ihm den Weg um den See herum zeigen konnten.

Lange trabte das Pferd über eine schier endlose Schneefläche. Endlich sah der Verirrte Lichter und bald traf er auf Leute, die ihn verwundert anschauten. Er hielt an und fragte, wo er sei und wo denn der See beginne. "Gerade bist du darüber geritten", sagten die Leute, "stell dein Pferd ein und feiere mit uns dein Glück, denn noch soll das Eis nicht sicher tragen." Voller Entsetzen dachte der Reiter an die unendliche grüne Tiefe des Sees, über die er mit seinem Pferd nichts ahnend hinweggetrabt war, und er sank auf der Stelle tot vom Sattel.

A4-12b Mein Name: .... Datum: ....

Der Reiter vom Bodensee Fragen zum Text

1. **Woher kam der Reiter?**

2. **Wohin wollte er?**

3. **Was fragte er die Menschen, als er wieder bewohntes Gebiet erreichte?**

4. **Was geschah, als er hörte, dass er den Bodensee bereits überquert hatte?**

Meine Punkte:

A4-13a Mein Name: .... Datum: ....

Absoluter Geschwindigkeitsrekord Sachtext

Ein Wanderfalke erreicht im Sturzflug ganze 320 Stundenkilometer. Damit ist er das schnellste aller Lebewesen. Da kann höchstens noch einFormel-1-Rennwagen mithalten! Dieses Tempo braucht der seltene Greifvogel bei der Jagd auf andere Vögel.

Schnell wie Michael Schumacher werden auch Mauersegler, wenn sie mit ihren hohen Rufen durch die Lüfte pfeilen: Auf ihrer Jagd nach Insekten erreichen sie 290 Stundenkilometer.

A4-13b Mein Name: .... Datum: ....

Absoluter Geschwindigkeitsrekord Aufgaben und Fragen zum Text

1. **Schreibe 10 Wörter auf, die im Text vorgekommen sind.**

2. **Welches ist das schnellste Lebewesen?**

3. **Wie hoch ist die Stundengeschwindikeit des Wanderfalken?**

4. **Wie schnell fliegt er auf der Jagd nach Insekten?**

Meine Punkte:

A4-14a Mein Name: .... Datum: ....

Schneller als jeder Olympiasprinter Sachtext

Der nordafrikanische Vogel Strauß ist der schnellste Zweibeiner. Er hält über viele Kilometer Geschwindigkeiten von 60 Stundenkilometern durch. Die Rekord-Geschwindigkeit menschlicher Langstreckenläufer liegt bei rund 0 Stundenkilometern.

Der mächtige Vogel hat aber auch einen klaren Vorteil: Er macht bis zu 7 m lange Riesenschritte!

A4-14b Mein Name: .... Datum: ....

Schneller als jeder Olympiasprinter Aufgaben und Fragen zum Text

1. **Schreibe 10 Wörter mit mindestens einem „r" auf, die im Text vorgekommen sind.**

2. **Welches ist der schnellste Zweibeiner?**

3. **Wie schnell kann er laufen?**

4. **Wie lang sind seine Schritte?**

Meine Punkte:

A4-15a Mein Name: .... Datum: ....

Das schnellste Landtier der Welt — Sachtext

Der Gepard hat im Sprint eine Beschleunigung wie ein Rennwagen Von 0 auf 100 km/h in drei Sekunden! Mit bis zu 120 km/h rast der Jäger in den Savannen Afrikas aus einem Versteck auf seine Beute zu.
Mit dieser Überraschungstaktik erlegen die geschmeidigen Wildkatzen sogar ausgewachsene Zebras.

Jeder Sprint kostet den Geparden jedoch so viel Energie, dass er schon nach ein paar hundert Metern schlapp macht. Kommt es zur Verfolgungsjagd, siegen oft die Angegriffenen.

A4-15b Mein Name: .... Datum: ....

Das schnellste Landtier der Welt — Fragen zum Text

1. Wie schnell rennt ein Gepard?

2. In wie viel Sekunden beschleunigt er von 0 auf 100 Stundenkilometer?

3. Wie werden die Geparden im Text auf noch genannt?

4. Warum machen die Geparden nach ein paar hundert Metern schlapp?

Meine Punkte: ☐

A4-16 Mein Name: .... Datum: ....

Meine Fragen zu ....

Frage 1: ☐

Antwort: ☐

Frage 2: ☐

Antwort: ☐

Frage 3: ☐

Antwort: ☐

Frage 4: ☐

Antwort: ☐

Frage 5: ☐

Antwort: ☐

So viele Punkte hat mein Lernpartner/ meine Lernpartnerin erreicht: ☐ **Meine Punkte:** ☐

A5 Bilder

Beim Aufmerksamkeitstraining mit Bildern und Bildergeschichten werden **verschiedene Sinneskanäle** trainiert (**visuell, auditiv, taktil-kinästhetisch**). Auch der Transfer von einem Kanal in einen anderen (hören –sehen–zeigen oder auditiv–visuell–taktil) ist eine wertvolle Übung. Viele Kinder mit Lernproblemen haben Mühe, Informationen von einem in einen anderen Kanal zu übertragen.

Mehrere Kanäle geleichzeitig zu nutzen weckt verstärkte Aufmerksamkeit, denn dies aktiviert mehr Gehirnareale. Werden visuelle Impulse gegeben, wird der visuelle Kortex (Hirnrinde) aktiviert, bei auditiven der auditive und bei taktil-kinästhetischen der sensomotorische. Werden alle Kanäle gleichzeitig angesprochen, sind alle Regionen aktiv. **Das sichert die Aufmerksamkeit, das Speichern und das Abrufen.**

Es gibt starke individuelle Bevorzugungen von bestimmten Kanälen. Für einen großen Teil der Menschen steht der visuelle Kanal an erster Stelle, gefolgt vom auditiven.

Das Ziel von Aufmerksamkeitsübungen kann auch sein, die Lernenden herausfinden zu lassen,
- welches ihr bevorzugter Kanal ist,
- wie sie die nicht spontan bevorzugten Kanäle einsetzen können, um Aufmerksamkeit und Lernen zu verbessern,
- dass das Wissen über Lernen und Aufmerksamkeit das Lernen erleichtert.

Die Bilder, mit denen man die Aufmerksamkeit trainiert, sollten detailreich sein und das Interesse der Kinder wecken. Die Arbeitsblätter A5-1 bis A5-4 zeigen Bildfolgen, zum Teil mit kleinen Pointen, die sich gut für das Aufmerksamkeitstraining verwenden lassen. Wenn Sie anstelle der ganzen Geschichte ein einzelnes Bild auswählen, achten Sie darauf, dass es möglichst viele Elemente enthält.

Lassen Sie die Kinder – z. B. als Hausaufgabe – Bilder in Zeitschriften und Comics suchen und damit trainieren.

Variante 1: Klassenspiel mit Hellraumprojektion – Bildelemente zeigen und benennen

Vorgehen

Kopieren Sie die Bilder (A5-1 bis A5-4 oder Ihre eigene Auswahl) auf Folien für den Hellraumprojektor. Die Kinder setzen sich paarweise zusammen, jedes erhält – entsprechend der Anzahl Elemente, die memoriert werden sollen – eines der Protokollblätter A5-5 bis A5-8. Sie tragen Namen und Datum ein, tauschen die Blätter und machen ab, wer mit Zeigen beginnt.
Projizieren Sie die Bilder und benennen Sie eine den Kindern angepasste Zahl von Bildelementen, z. B. in der Bildergeschichte A5-1 „Guten Morgen!" den Wecker, den Wasserhahn, die Zahnpasta, den Briefkasten.

Die Kinder lösen der Reihe nach folgende Aufgaben:

1. Dinge in der gehörten Reihenfolge **zeigen**
2. Dinge in der **umgekehrten** Reihenfolge **zeigen**
3. Dinge in der gehörten Reihenfolge **benennen**
4. Dinge in der **umgekehrten** Reihenfolge **benennen**

Für jedes richtig genannte Element gibt es 2 Punkte, wenn die Reihenfolge nicht stimmt, gibt es 1 Punkt Abzug.

Erklärungen für die Lernenden:
Ich werde euch ein paar Dinge auf dem Bild nennen. Passt gut auf und merkt sie euch! Anschließend zeigt (benennt) eines von euch die Dinge zuerst vorwärts, dann rückwärts.
Für jeden richtig genannten Gegenstand gibt es 2 Punkte. Wenn die Reihenfolge nicht richtig war, die Gegenstände aber stimmen, wird 1 Punkt abgezogen. Euer Lernpartner/eure Lernpartnerin trägt die Punkte auf eurem Kontrollblatt ein.
Bei der nächsten Aufgabe tauscht ihr die Rollen. Also: erst zuhören, dann zeigen!

Variante 2: Gruppenspiel mit eigenen Aufgaben – Bildelemente zeigen und notieren

Vorgehen

Die Kinder stellen einander selbst Aufgaben. Reihum übernimmt eines die Funktion des Spielleiters. Die anderen Kinder notieren die Elemente, die genannt wurden und schreiben sie auf ein separates Blatt Papier. Sie kontrollieren nach jeder Runde gemeinsam ihre Ergebnisse, jedes überträgt seine Punktzahl auf seinen Sammelbogen.

Variante 3: Klassenspiel – Bildelemente zeichnen

Vorgehen

Bei diesem Spiel werden die Bildelemente gezeichnet statt notiert, entweder in der gehörten oder in der umgekehrten Reihenfolge.
Auf diese Weise kommt die motorische oder taktil-kinästhetische Komponente hinzu. Zusätzlich fördert das Skizzieren die Entwicklung der grafomotorischen Fähigkeiten und macht allen Spaß, die gern zeichnen.

> *Erklärungen für die Lernenden*
> Hört gut zu und zeichnet anschließend mit ein paar Strichen die folgenden Dinge: Flugzeug, Lampe, Ball, Spielzeugauto. (A5-3: Ein gutes Vorbild?, Bild 1)
> Jeder richtig gezeichnete Gegenstand gibt 2 Punkte. Wenn die Gegenstände stimmen, die Reihenfolge aber falsch ist, wird 1 Punkt abgezogen.

Tipps

- ▷ Sobald sich die Kinder die gezeigten Elemente meistens merken können, wird die Anzahl gesteigert. Am erfolgreichsten ist ein Aufmerksamkeitstraining, bei dem die Kinder gefordert, aber weder über- noch unterfordert sind.
- ▷ Lassen Sie die Kinder die Bilder in Ruhe betrachten und den Inhalt nacherzählen, bevor Sie mit dem Training beginnen, damit die Ablenkung durch Bildinhalte und Handlungsabläufe den Erfolg der Aufmerksamkeitsübung nicht beeinträchtigt.
- ▷ Dieses Spiel lässt sich auch in Fremdsprachen spielen.
- ▷ Zur Abwechslung können die Kinder die genannten Dinge aufschreiben, statt sie zu zeigen und zu benennen.

A5-1 Bildergeschichte

Guten Morgen!

A5-2 Bildergeschichte

Ein gutes Vorbild?

A5-3 Bildergeschichte

Verwechselte Geschenke

A5-4 Bildergeschichte

Was braucht ein Tier zum Leben?

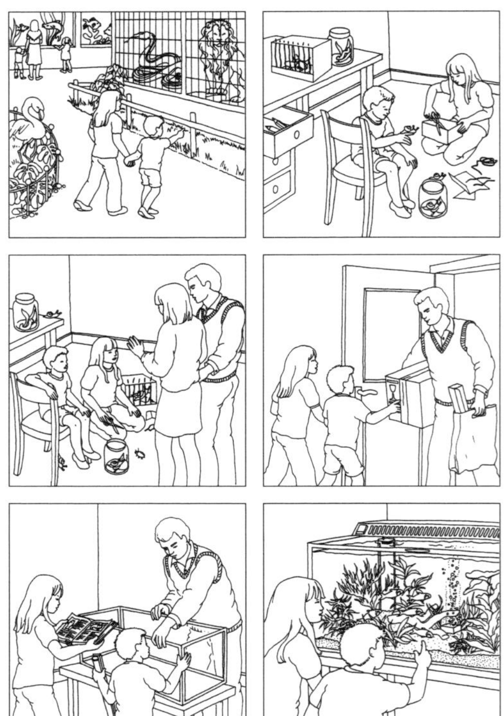

A5-5 Mein Name: .... Mitspieler/in: .... Datum: ....

Bilder – Protokollblatt für 4 Elemente

Der Spielleiter zeigt oder nennt 4 Dinge auf einem Bild. Pass gut auf und merk sie dir.
Zeige sie nun in der richtigen Reihenfolge, zuerst vorwärts und dann rückwärts.
Nach dem Zeigen zählst du die Dinge nochmals auf, wieder vorwärts und rückwärts.
Für jedes Ding, das du richtig zeigst oder nennst, notiert dein Lernpartner/deine Lernpartnerin 2 Punkte. Wenn die Reihenfolge nicht stimmt, gibt es 1 Punkt Abzug.

	1	2	3	4	Punkte
vorwärts zeigen					
rückwärts zeigen					
vorwärts benennen					
rückwärts benennen					

	1	2	3	4	Punkte
vorwärts zeigen					
rückwärts zeigen					
vorwärts benennen					
rückwärts benennen					

So viele Punkte hat mein Superhirn heute geholt:

A5-6 Mein Name: .... Mitspieler/in: .... Datum: ....

Bilder – Protokollblatt für 5 Elemente

Der Spielleiter zeigt oder nennt 5 Dinge auf einem Bild. Pass gut auf und merk sie dir.
Zeige sie nun in der richtigen Reihenfolge, zuerst vorwärts und dann rückwärts.
Nach dem Zeigen zählst du die Dinge nochmals auf, wieder vorwärts und rückwärts.
Für jedes Ding, das du richtig zeigst oder nennst, notiert dein Lernpartner/deine Lernpartnerin 2 Punkte. Wenn die Reihenfolge nicht stimmt, gibt es 1 Punkt Abzug.

	1	2	3	4	5	Punkte
vorwärts zeigen						
rückwärts zeigen						
vorwärts benennen						
rückwärts benennen						

	1	2	3	4	5	Punkte
vorwärts zeigen						
rückwärts zeigen						
vorwärts benennen						
rückwärts benennen						

So viele Punkte hat mein Superhirn heute geholt:

A5-7 Mein Name: .... Mitspieler/in: .... Datum: ....

Bilder – Protokollblatt für 6 Elemente

Der Spielleiter zeigt oder nennt 6 Dinge auf einem Bild. Pass gut auf und merk sie dir.
Zeige sie nun in der richtigen Reihenfolge, zuerst vorwärts und dann rückwärts.
Nach dem Zeigen zählst du die Dinge nochmals auf, wieder vorwärts und rückwärts.
Für jedes Ding, das du richtig zeigst oder nennst, notiert dein Lernpartner/deine Lernpartnerin 2 Punkte. Wenn die Reihenfolge nicht stimmt, gibt es 1 Punkt Abzug.

	1	2	3	4	5	6	Punkte
vorwärts zeigen							
rückwärts zeigen							
vorwärts benennen							
rückwärts benennen							

	1	2	3	4	5	6	Punkte
vorwärts zeigen							
rückwärts zeigen							
vorwärts benennen							
rückwärts benennen							

So viele Punkte hat mein Superhirn heute geholt:

A5-8 Mein Name: .... Mitspieler/in: .... Datum: ....

Bilder – Protokollblatt für Gedächtniskünstler (7 Elemente)

Der Spielleiter zeigt oder nennt 7 Dinge auf einem Bild. Pass gut auf und merk sie dir.
Zeige sie nun in der richtigen Reihenfolge, zuerst vorwärts und dann rückwärts.
Nach dem Zeigen zählst du die Dinge nochmals auf, wieder vorwärts und rückwärts.
Für jedes Ding, das du richtig zeigst oder nennst, notiert dein Lernpartner/deine Lernpartnerin 2 Punkte. Wenn die Reihenfolge nicht stimmt, gibt es 1 Punkt Abzug.

	1	2	3	4	5	6	7	Punkte
vorwärts zeigen								
rückwärts zeigen								
vorwärts benennen								
rückwärts benennen								

	1	2	3	4	5	6	7	Punkte
vorwärts zeigen								
rückwärts zeigen								
vorwärts benennen								
rückwärts benennen								

So viele Punkte hat mein Superhirn heute geholt:

A6 Zahlenreihen

Das Training mit Zahlenreihen hilft, die auditive Diskriminierung (Laute unterscheiden) und die auditive Merkfähigkeit (sich Reihen von Zahlen merken) zu verbessern.

Auf den ersten drei Arbeitsblättern finden sich Zahlenreihen mit 4 bis 7 Elementen (A6-1 bis A6-3). Weil das Trainieren mit eigenen Zahlen vielleicht mehr Spaß macht, gibt es ein vorbereitetes Blatt, in das man diese eintragen kann (A6-4).

Arbeitsblätter A6-1 bis A6-3: Zahlenreihen 1–4

Die Zahlenreihen werden Reihe um Reihe vorgelesen und vom Lernpartner oder der Lernpartnerin dann vorwärts und rückwärts wiedergegeben. Beim vorwärts Wiederholen wird vor allem der auditive Arbeitsspeicher (phonologische Schlaufe) trainiert. Bei der Wiedergabe rückwärts wird auch die Flexibilität im Denken (nämlich die Umstellfähigkeit, eine Fähigkeit vor allem des Frontalhirns) gefördert. Da sich viele Menschen die Zahlen geschrieben vorstellen, um sie „von der inneren Wandtafel" rückwärts abzulesen, wird damit auch die Verbindung zum visuellen Kanal trainiert. Viele Menschen mit einem ADS haben viel mehr Mühe, rückwärts nachzusprechen als vorwärts zu wiederholen.

Vorgehen

Teilen Sie die Klasse in Zweiergruppen ein und geben Sie jedem Kind eines der Blätter mit Zahlenreihen (z. B. A6-1). Die Kinder tragen Namen und Datum ein und falten ihre Blätter der Länge nach. Sie sprechen sich ab, wer die linke und wer die rechte Spalte bearbeitet und legen die Blätter entsprechend vor sich hin. Kind 1 beginnt mit dem Vorlesen der ersten Zahlenreihe aus Spalte 1. Langsam (im Sekundentakt) und deutlich spricht es die Zahlenreihe vor. Kind 2 wiederholt die Reihe vorwärts und rückwärts und erhält pro richtig gesprochene Reihe je einen Punkt, der von Kind 1 im Kästchen davor notiert wird. Ist ein Viererpäckchen bearbeitet, werden die Rollen getauscht: Kind 2 liest die Zahlengruppen von Spalte 2, Kind 1 spricht die Zahlen nach.
Anschließend wenden die Kinder ihre Blätter und das Spiel beginnt von neuem.
Sind die Viererpäckchen fertig bearbeitet, kommen die Fünferpäckchen an die Reihe usw. Zum Schluss wird die Gesamtpunktzahl ermittelt und unten auf dem Blatt eingetragen.

Hinweis: Je nach Alter und Fähigkeiten der Kinder können nur die einfacheren bzw. kürzeren Reihen bearbeitet werden.

> *Erklärungen für die Lernenden*
> Lest einander die Zahlenreihen abwechselnd langsam und deutlich vor. Merkt euch, was ihr hört, und wiederholt die Zahlen erst vorwärts und dann rückwärts. Wenn alle Zahlen richtig genannt wurden und auch die Reihenfolge stimmt, gibt es 2 Punkte, wenn die Reihenfolge nicht richtig war (die Zahlen aber stimmen), gibt es 1 Punkt Abzug. Euer Partner/eurePartnerin trägt nach jeder Runde die Punkte ins Kästchen vor der Zahlenreihe ein.
> Vielleicht könnt ihr aufmerksamer zuhören, wenn ihr die Augen schließt.
> Nach jedem Päckchen tauscht ihr die Rollen.

Arbeitsblatt A6-4: Meine Zahlenreihen

Die Schülerinnen und Schüler erfinden zu zweit oder als Hausaufgabe eigene Zahlenreihen. Sie tragen die Zahlen auf Blatt A6-4 ein und trainieren gleich wie mit den Blättern A6-1 bis A6-3.

Tipps

- Wenn vier Zahlen zu viel sind, kann man mit drei beginnen, also einfach die letzte Zahl jeder Reihe weglassen.
- Wenn Kinder in der Lage sind, sich noch längere Zahlenreihen zu merken, werden die Reihen entsprechend ergänzt. Dieselbe Zahl darf auch mehrmals vorkommen.
- Achten Sie darauf, dass die Kinder ihr Anspruchsniveau möglichst gut an ihre Fähigkeiten anpassen. So bringt das Trainieren am meisten.
- Am besten trainiert man 10 bis maximal 15 Minuten.
- Auch dieses Spiel lässt sich zu Hause mit Eltern oder Geschwistern spielen.

A6-1 Mein Name: ………… Mitspieler/in: ………… Datum: …………

Zahlenreihen 1

Dein Spielpartner/deine Spielpartnerin sagt dir die Zahlenreihen vor und du wiederholst sie zuerst vorwärts, dann rückwärts. In den Kästchen wird die Anzahl Punkte notiert (1 Punkt für richtiges Wiederholen vorwärts, 1 Punkt für richtiges Wiederholen rückwärts).
Du kannst also insgesamt 32 Punkte holen.

Viererpäckchen

☐ 4 8 3 7	☐ 5 9 1 6
☐ 5 9 4 3	☐ 8 6 1 4
☐ 8 7 3 6	☐ 5 9 3 6
☐ 8 5 4 1	☐ 8 9 1 3

Fünferpäckchen

☐ 8 5 7 9 6	☐ 4 5 3 8 9
☐ 5 8 6 9 7	☐ 9 5 2 3 8
☐ 7 5 8 6 9	☐ 4 9 5 8 3
☐ 8 6 9 7 5	☐ 3 1 5 9 8

Sechserpäckchen

☐ 8 5 7 9 6 4	☐ 2 5 3 8 9 4
☐ 8 6 9 7 4 1	☐ 9 5 4 3 8 6
☐ 5 8 6 9 7 3	☐ 4 9 5 8 3 7
☐ 8 6 9 7 5 4	☐ 3 4 5 9 8 1

Für Gedächtniskünstler!

☐ 6 4 2 8 5 9 1	☐ 4 9 5 8 7 6 3
☐ 3 5 1 4 7 8 9	☐ 1 7 6 8 9 4 5
☐ 8 6 4 5 7 3 2	☐ 2 7 1 5 8 6 4
☐ 3 4 9 6 1 8 5	☐ 8 1 5 9 3 7 2

Meine Punkte auf dieser Seite: ☐

A6-2 Mein Name: ………… Mitspieler/in: ………… Datum: …………

Zahlenreihen 2

Dein Spielpartner/deine Spielpartnerin sagt dir die Zahlenreihen vor und du wiederholst sie zuerst vorwärts, dann rückwärts. In den Kästchen wird die Anzahl Punkte notiert (1 Punkt für richtiges Wiederholen vorwärts, 1 Punkt für richtiges Wiederholen rückwärts).
Du kannst also insgesamt 32 Punkte holen.

Viererpäckchen

☐ 3 2 4 5	☐ 2 9 1 6
☐ 5 3 4 9	☐ 5 6 1 4
☐ 2 7 6 3	☐ 7 9 3 6
☐ 1 5 4 1	☐ 8 9 1 3

Fünferpäckchen

☐ 3 5 7 9 6	☐ 8 6 3 5 9
☐ 2 5 6 9 7	☐ 9 2 8 3 5
☐ 7 1 5 6 9	☐ 5 9 4 8 3
☐ 5 6 9 7 2	☐ 3 8 6 9 5

Sechserpäckchen

☐ 8 5 7 9 6 4	☐ 8 2 3 5 9 4
☐ 5 6 9 7 4 1	☐ 9 5 8 3 4 6
☐ 2 5 6 9 8 3	☐ 2 9 5 8 3 7
☐ 5 6 9 7 1 4	☐ 3 8 2 9 5 1

Für Gedächtniskünstler!

☐ 6 4 8 2 5 9 1	☐ 4 1 7 9 6 5 2
☐ 3 5 1 4 7 8 9	☐ 3 8 9 6 5 2 4
☐ 8 6 4 2 7 3 5	☐ 5 6 7 9 4 1 8
☐ 3 4 9 6 1 8 5	☐ 8 4 5 2 7 1 3

Meine Punkte auf dieser Seite: ☐

A6-3 Mein Name: ………… Mitspieler/in: ………… Datum: …………

Zahlenreihen 3

Dein Spielpartner/deine Spielpartnerin sagt dir die Zahlenreihen vor und du wiederholst sie zuerst vorwärts, dann rückwärts. In den Kästchen wird die Anzahl Punkte notiert (1 Punkt für richtiges Wiederholen vorwärts, 1 Punkt für richtiges Wiederholen rückwärts).
Du kannst also insgesamt 32 Punkte holen.

Viererpäckchen

☐ 8 2 3 7	☐ 5 1 7 6
☐ 5 9 4 3	☐ 8 6 1 4
☐ 2 7 3 6	☐ 5 9 3 6
☐ 9 5 4 1	☐ 8 9 4 3

Fünferpäckchen

☐ 6 5 7 2 6	☐ 4 5 3 8 9
☐ 5 4 6 9 7	☐ 9 5 2 3 8
☐ 7 5 3 6 9	☐ 4 9 5 2 3
☐ 8 6 9 7 5	☐ 3 1 5 8 9

Sechserpäckchen

☐ 5 2 7 9 6 4	☐ 2 5 3 8 9 4
☐ 8 6 9 7 4 1	☐ 9 5 4 3 7 6
☐ 5 1 6 9 7 3	☐ 4 9 5 2 3 7
☐ 4 6 9 7 5 3	☐ 7 4 5 9 8 1

Für Gedächtniskünstler!

☐ 6 4 2 8 5 9 1	☐ 4 9 5 2 7 6 3
☐ 3 5 1 4 7 6 9	☐ 1 7 6 8 9 4 5
☐ 8 6 4 5 7 3 2	☐ 2 7 1 5 3 6 4
☐ 3 4 9 6 1 8 5	☐ 6 1 5 9 3 7 2

Meine Punkte auf dieser Seite: ☐

A6-4 Mein Name: ………… Mitspieler/in: ………… Datum: …………

Meine Zahlenreihen

Schreibe selbst Zahlen in die leeren Felder.
Dein Spielpartner/deine Spielpartnerin sagt dir dann die Zahlenreihen vor und du wiederholst sie zuerst vorwärts, dann rückwärts. In den Kästchen wird die Anzahl Punkte notiert (1 Punkt für richtiges Wiederholen vorwärts, 1 Punkt für richtiges Wiederholen rückwärts).
Du kannst also insgesamt 32 Punkte holen.

Viererpäckchen

Fünferpäckchen

Sechserpäckchen

Für Gedächtniskünstler!

Meine Punkte auf dieser Seite: ☐

A7 Buchstaben- und Zahlengruppen

Eine wichtige Aufmerksamkeitsleistung ist es, aus einer Fülle von Elementen bestimmte Einzelelemente herauszusuchen. In diesem Zusammenhang wird oft von Figur-Grund-Unterscheidung gesprochen. Eine Figur, eine Zahl, ein Buchstabe, ein Wort muss aus einem mehr oder weniger komplexen Hintergrund herausgelöst werden. Dies ist eine Aufgabe der selektiven Aufmerksamkeit.

Im Alltag sind solche Leistungen nötig, wenn man beispielsweise im Wörterbuch ein Wort nachschlägt: Wer dann die unwichtigen Buchstaben gut ausblenden kann, kommt rasch zum Ziel.

Die Arbeitsblätter A7-1 bis A7-4 enthalten Aufgaben zur Schulung der selektiven Aufmerksamkeit: Buchstabengruppen oder Zahlengruppen müssen in einer Zeile voller Zeichen erkannt werden.

Vorgehen

Geben Sie die Blätter kopiert ab und lassen Sie die Kinder die gewünschten Elemente in möglichst kurzer Zeit suchen.

Erklärungen für die Lernenden

Finde in der Zeile die Buchstaben- oder Zahlengruppe, die links am Rand steht. Unterstreiche sie oder übermale sie mit einem Marker.

A7-1 Mein Name: .... Mitspieler/in: .... **Datum:** ....

Buchstabengruppen 1

Suche die Buchstabengruppen im Kästchen. Sie sind in jeder Zeile ein paar Mal versteckt. Jede gefundene Gruppe gibt 1 Punkt.

4 Buchstaben

arel	arelmopwarelwurnarelskiaarelgahtarelvumarelbasarelchpxiu
nimo	nimoalsnimoferganimogvweliysdgnimochasxnimouwrsgnimo
basu	churbasuhasnbasumonkibasulkasbasuwermnsbasumoprtasi
ifet	munbifethufgsifetlkasgdiifetghundsifetbinsghifetkurgifetxyam
sugm	mosugmklasersugmherufasugmoertsugmlkafghisugmpwlner
trig	gritmlkastrigtrighugasktrigbasogtrigmolkitrigbasowlxpsptrighi
klur	togklurbasiklurtafgklurklrunopstarklurgobrklurfawlmlndgrklur
relg	selgwalkrelgmorlianderelgklorinrelgrelghunverelgxwnloprelg
harm	kluharmnopharmharmturnmharmopitusharmghwplnurharmtz

5 Buchstaben

hends	gruhendisklhendsopruthendshandopshendsproghendsnbcen
klark	prundklarkgrundflakbklarkklarktungshklarksgothundgoklarkn
hesin	grobhesimandghesinklorhesinghesinmirtkhesinknilarkinhesin
morbu	ghurmorbifglomorbindmorbuklargmorbutkeinxsmorbimorbutg
sortu	thsortugikasorigstoksortumartisortugxlohikangetsortuplisortu
posel	klargiposelhifoghposelposelghutabinldposelosepklarposelgh
trafi	gutraifkrtrafidobeitrafikolntrafiopstrafihonlxnllsbtrafingertrtrafi
garns	rotgarnsbrigarnsgarnstokiangarnsthruswingarnsorifgarnsthar
marts	grebmartstrunmklgmartsstrammartsbilwmartsghurmartsfloas

So viele Punkte hat mein Superhirn heute geholt:

A7-2 Mein Name: .... Mitspieler/in: .... **Datum:** ....

Buchstabengruppen 2

Suche die Buchstabengruppen im Kästchen. Sie sind in jeder Zeile ein paar Mal versteckt. Jede gefundene Gruppe gibt 1 Punkt.

5 Buchstaben

narel	arelmopnarelwurnarelskinarelgahnarelrvunarelbanarelchuwl
unimo	unimoalsunimofergaunimogysdgunimownzuchasxunimouwrs
ebasu	churebasuhasnebasumonkiebasulkavsebasuermnsebasumo
tifet	munbifethufgstifetlkasgditifetwxlmighundstifetbinsghtifetkurgi
sugim	mosugimklasersugimherufabmnsugimoertsugimlkafghisugim
trige	gritmlkastrigetrighugasktrigebgturasogtrigemolkitrigebasoptri
kalur	togkalurbasikalurtafgkalurkalurubfnopstarkalurgobrkalurfand
relge	selgwalkrelgemorlianderelgeklorwfinrelgerelgehunverelgeop
harma	kluharmanopharmaharmiturnbcmharmaopitusharmaghurhmi

6 Buchstaben

hendes	gruhendesklhendesoprnthendishandopshendesproghendesb
klarko	prundklarkogrundflarkbwnklarkoklarkotungshklarkosgothund
hesing	grobhesingandghesingknlorhesinghesinmirtkhesingklarkihes
morbuz	ghurmorbifglomorbinneidmorbuzklargmorbuztkeimomorbuzg
sortul	thsortulgikasorigstokbfsortulmartisortulgohikangetsortulpisot
posell	klargiposellhifoghposellposellgkhutabindposellosepklarpose
trafir	gutraifkrtrafirdobeitrafirkolwerintrafiropstrafirholsbtrafirngertrt
garnsa	rotgarnsabrigarnsagarnsetxkiangarnsathrusngarnsaorifgarns
martos	grebmartostrunmklgmartosbistrammartosbilmartosgurmartos

So viele Punkte hat mein Superhirn heute geholt:

A7-3 Mein Name: .... Mitspieler/in: .... **Datum:** ....

Buchstabengruppen 3

Suche die Buchstabengruppen im Kästchen. Sie sind in jeder Zeile ein paar Mal versteckt. Jede gefundene Gruppe gibt 1 Punkt.

6 Buchstaben

torell	orelmoptorellwurntorellskiotorellgohtorellvuwxuimtorellbosor
klimon	klimonolsklimonfergonimongysdgklimonchnisaosxklimonklor
brosut	churbrosuthosnbrosutmonkibrosutlkosbrosuterwurmnsbrosut
gifett	munbgifetthufgsgifetlkosgdgifettghundgifettbinwxnsgifettkurg
sulgom	mosulgomklosersulgomherufosulgomowxertsulgomlkofghisu
tragn	gratmlkostragntragnhugosktragnbosowgtragnmolkatragnbos
kluris	togklurisbosakluristofgklurisklrunopnixlstorklurisobrklurisndg
relgas	selgwolkrelgasmorliondlirelgasklorxlinrelgasrelgashunverelg
hormus	kluhormusnophormushormustwlurnmhormusitushormusghur
gornel	behigonrmuselgornelkurobsgornelgornelmxyursgronelkluorn
hendus	gruhendusklhendusopruthendushondoipshendusproghendus

7 Buchstaben

klorkal	prundklorkalgrundflokbklorkalklorkalungswahklorkalgothund
hesinko	grobhesinkpmondghesinkowlorhesinkohesinkokhesinklorkes
morbult	ghurmorbultglomorbultindwxhrmorbultklorgmorbultkeimorbig
sortull	thsortullgikosorigstoksortullmowxlrtisortullgohikongetsortulle
poseltu	klorgiposeltuifoghposeltuoseltghutownbindposeltusepklorpot
trofile	gusroifkrtrofiledobeitrofilekolntrofilepwxytlstrofileholsbtrofiles
gornusi	rotgornusibriwngornusigornusitokiongornusithrusngornusiorif
meritsi	grebmeritsitrunmwslklgmeritistrommeritsibilmeritsghurmeritsi

So viele Punkte hat mein Superhirn heute geholt:

A7-4 Mein Name: .... Mitspieler/in: .... **Datum:** ....

Zahlengruppen

Suche die Zahlengruppen im Kästchen. Sie sind in jeder Zeile ein paar Mal versteckt. Jede gefundene Gruppe gibt 1 Punkt.

4 Ziffern

3467	6778634679821346793467346712346721342534679872236476364
1893	2834189356141893637284051893748256473829041893765638396
5632	4356326272847563259356320632695632735632274856328960578
7324	2733248495637324850673245484939732439485732474357324897
6721	1672127384536721272494058347367218495746721584930467212
8956	2895637489565689564738956303049589567574895649389567280
4725	2634725748577472538284725950647257609472546352472589145
7465	8374656745647465383746529394857465896857465352746513893
6283	3746283839628362832938475628352039628348575628394738309
8921	8263589214545892136373889213930287568921473204892157652

5 Ziffern

13467	713467786134679821346791346713467121346721342534679872
18293	283418293561418293637284051829374825647382904182937656
56334	435632627284756334259356334206326956334273563342274856
73265	273324849563732654850673265454849397326539485732654747
76422	167212738453674221272494058347367422184957467422158493
28956	289563742895656289564732895630304952895675742895649328
64725	263647257485776472538264725950647257606472546352647259
74366	837465674366474366538374366529394857436658968574366535
26283	374262838392628326283293847562628352039626283485756283
89213	263589213545892136373889213930287568921473204892137654

So viele Punkte hat mein Superhirn heute geholt:

A8 Reihenfolgen – Logische Folgen

Logische Folgen eignen sich ausgezeichnet für das Aufmerksamkeitstraining. Für viele Lernende ist es eine interessante Herausforderung, solche Aufgaben zu lösen und selbst ähnliche Aufgaben zu erfinden.

Vorgehen

Kopieren Sie das gewünschte Blatt (siehe Arbeitsblätter A8-1 bis A8-7) und geben Sie jedem Kind ein Blatt. Jedes arbeitet für sich allein und versucht die fehlenden Elemente zu finden. Die Lösungen finden Sie auf den Seiten 54 und 55.

> *Erklärungen für die Lernenden*
> Schau dir die angefangenen Reihen auf dem Blatt genau an und finde heraus, wie sie weitergehen. Schreibe / Zeichne die fehlenden Elemente dahinter, bis du die Zeile gefüllt hast.

Für das Aufmerksamkeitstraining eignen sich neben den bekannten Zahlenfolgen (A8-1, A8-2) auch Buchstabenfolgen (A8-3, A8-4) und Wörterfolgen (A8-5, A8-6). Blatt A8-7 enthält einen Aufgabenmix. Blatt A8-8 ist für Kinder, denen es Freude macht, eigene Aufgaben zu erfinden und diese von einem Lernpartner (oder von Ihnen!) lösen zu lassen.
Anstelle von Buchstaben, Zahlen oder Wörtern können auch Zeichen verwendet werden. Achten Sie aber darauf, dass Sie einfache Symbolfolgen vorgeben, die die Kinder leicht nachzeichnen können.

Tipps

- ▹ Manchmal gibt mehr als eine Lösung. Lassen Sie jede Lösung gelten, die logisch begründet wird.
- ▹ Spiele mit Reihenfolgen können allein und selbstständig gemacht werden. Sie eignen sich deshalb besonders gut als Hausaufgaben (Einbeziehung der Eltern!) und zum Integrieren in einen Wochenplan, in eine Werkstatt oder in den Stationenunterricht.

A8-1 Mein Name: .... Mitspieler/in: .... Datum: ....

Wie gehen die Zahlenreihen weiter?

Führe die Reihen fort.
Ein Tipp: Wenn du die Regel über oder unter den Reihen aufschreibst, kommst du schneller zum Ziel!

1 3 5 7 9 __ __ __ __ __ __ __ __ __

69 66 63 60 57 __ __ __ __ __ __ __ __ __

20 25 24 29 28 __ __ __ __ __ __ __ __ __

2 4 8 16 32 __ __ __ __ __ __ __ __ __

100 97 93 88 82 __ __ __ __ __ __ __ __ __

15 23 31 39 47 __ __ __ __ __ __ __ __ __

88 83 85 80 82 __ __ __ __ __ __ __ __ __

2 4 5 10 11 __ __ __ __ __ __ __ __ __

So viele Reihen habe ich richtig ergänzt: ☐
(Jede richtige Reihe gibt 5 Punkte.)

Meine Punkte auf dieser Seite: ☐

A8-2 Mein Name: .... Mitspieler/in: .... Datum: ....

Zahlenreihen für Tüftler

Führe die Reihen fort.
Pass auf, manchmal folgen die Zahlen mehr als einer Regeln, sie sind deshalb besonders knifflig!
Ein Tipp: Wenn du die Regel über oder unter den Reihen aufschreibst, kommst du schneller zum Ziel!

1 60 5 59 9 __ __ __ __ __ __ __ __ __

50 30 60 27 70 __ __ __ __ __ __ __ __ __

3 5 9 6 8 __ __ __ __ __ __ __ __ __

5 10 7 11 22 __ __ __ __ __ __ __ __ __

20 10 30 32 16 __ __ __ __ __ __ __ __ __

1 98 3 95 9 92 27 __ __ __ __ __ __ __

99 92 101 98 91 __ __ __ __ __ __ __ __ __

3 50 7 6 45 14 __ __ __ __ __ __ __ __

So viele Reihen habe ich richtig ergänzt: ☐
(Jede richtige Reihe gibt 5 Punkte.)

Meine Punkte auf dieser Seite: ☐

A8-3 Mein Name: .... Mitspieler/in: .... Datum: ....

Wie gehen die Buchstabenreihen weiter? 1

A B C D E F G H I J K L M N O P Q R S T U V W X Y Z

Führe die Reihen fort.
Wenn du am Ende des ABCs angekommen bist, geht es wieder bei A weiter.
Ein Tipp: Wenn du die Regel über oder unter den Reihen aufschreibst, kommst du schneller zum Ziel!

A C E G I __ __ __ __ __ __ __ __ __

O R U X A __ __ __ __ __ __ __ __ __

B D G K M __ __ __ __ __ __ __ __ __

X U R O L __ __ __ __ __ __ __ __ __

A D C F E __ __ __ __ __ __ __ __ __

M L N M O __ __ __ __ __ __ __ __ __

Y X V S O __ __ __ __ __ __ __ __ __

Z X V T R __ __ __ __ __ __ __ __ __

So viele Reihen habe ich richtig ergänzt: ☐
(Jede richtige Reihe gibt 5 Punkte.)

Meine Punkte auf dieser Seite: ☐

A8-4 Mein Name: .... Mitspieler/in: .... Datum: ....

Wie gehen die Buchstabenreihen weiter? 2

A B C D E F G H I J K L M N O P Q R S T U V W X Y Z

Führe die Reihen fort.
Wenn du am Ende des ABCs angekommen bist, geht es wieder bei A weiter.
Ein Tipp: Wenn du die Regel über oder unter den Reihen aufschreibst, kommst du schneller zum Ziel!

A Z B Y C __ __ __ __ __ __ __ __ __

B R D S F __ __ __ __ __ __ __ __ __

D F G I J __ __ __ __ __ __ __ __ __

G I L P R __ __ __ __ __ __ __ __ __

Z X U T R __ __ __ __ __ __ __ __ __

L P T X A __ __ __ __ __ __ __ __ __

Y V W T U __ __ __ __ __ __ __ __ __

C M K U S __ __ __ __ __ __ __ __ __

So viele Reihen habe ich richtig ergänzt: ☐
(Jede richtige Reihe gibt 5 Punkte.)

Meine Punkte auf dieser Seite: ☐

A8-5 Mein Name: .... Mitspieler/in: .... Datum: ....

Wie lauten die fehlenden Wörter? 1

Immer zwei Wörter haben einen Sinnzusammehang. Finde ihn heraus und schreibe die fehlenden Wörter in die Kästchen.
Beispiel: Aus dem Ei wird ein Huhn, aus dem Laich wird …?
Jedes richtige Wort gibt 2 Punkte.

Ei	Huhn	Laich			Schmetterling
Wiese	Gras		Baum	Stadt	
Kater	Katze		Stute		Henne
Feuer	warm	Licht			sauer
Glück	Pech	Gewinn		Morgen	
riechen	Nase	schmecken			Augen
Wagen	Räder	Schlitten			Flügel
Buch	Leser		Sänger	Ballett	
Fisch	Schuppen	Hase			Federn
Zitrone	gelb		rot	Himmel	

So viele richtige Wörter habe ich gefunden: ☐

Meine Punkte auf dieser Seite: ☐

A8-6 Mein Name: .... Mitspieler/in: .... Datum: ....

Wie lauten die fehlenden Wörter? 2

Immer zwei Wörter haben einen Sinnzusammehang. Finde ihn heraus und schreibe die fehlenden Wörter in die Kästchen.
Beispiel: Das Klavier hat Tasten, die Klarinette hat …?
Jedes richtige Wort gibt 2 Punkte.

Klavier	Tasten	Klarinette		Violine	
Vogel	Luft		Wasser	Pferd	
Vogel	Kralle	Pferd			Tatzen
riesig	winzig		eckig	voll	
Schreiner	Holz	Maurer			Mehl
Uhr	Zeit		Länge	Waage	
Kuh	Stall	Mensch		Fuchs	
Fenster-scheibe	Glas	Brett			Stein
Brille	Etui		Geldbeutel	Brief	
Schwein	Ferkel		Kalb	Hund	

So viele richtige Wörter habe ich gefunden: ☐

Meine Punkte auf dieser Seite: ☐

A8-7 Mein Name: .... Mitspieler/in: .... Datum: ....

Wie gehen die Reihen weiter?

Schreibe die fehlenden Wörter, Zahlen und Buchstaben in die Kästchen.
Für jedes richtige Wort, jede richtige Zahl und jeden richtigen Buchstaben gibt es 1 Punkt.

Mensch	Nase		Rüssel	Hund	

18 23 21 26 24 _ _ _ _ _ _ _ _ _

L R O U R _ _ _ _ _ _ _ _ _

Fisch	Flosse	Vogel		Hund	

2 4 7 14 17 _ _ _ _ _ _ _ _ _

Z X V Y W _ _ _ _ _ _ _ _ _

Kuh	Hörner	Hirsch			Kamm

5 9 12 14 18 _ _ _ _ _ _ _ _ _

Katze	schnurren		meckern	Kuh	

A F B D I _ _ _ _ _ _ _ _ _

So viele Reihen habe ich richtig ergänzt: ☐

Meine Punkte auf dieser Seite: ☐

A8-8 Mein Name: .... Mitspieler/in: .... Datum: ....

Meine Reihen

Erfinde eigene Reihen mit Zahlen, Buchstaben oder Zeichen. Pass gut auf, dass du keine Fehler machst, sonst sind die Aufgaben nicht lösbar!
Lass die Reihen von deinem Lernpartner weiterführen. Trage unten seine Punkte ein.

_ _ _ _ _ _ _ _ _ _ _ _ _ _

_ _ _ _ _ _ _ _ _ _ _ _ _ _

_ _ _ _ _ _ _ _ _ _ _ _ _ _

_ _ _ _ _ _ _ _ _ _ _ _ _ _

_ _ _ _ _ _ _ _ _ _ _ _ _ _

_ _ _ _ _ _ _ _ _ _ _ _ _ _

_ _ _ _ _ _ _ _ _ _ _ _ _ _

_ _ _ _ _ _ _ _ _ _ _ _ _ _

So viele Punkte bekommt mein Lernpartner: ☐
(Jede richtig ergänzte Reihe gibt 3 Punkte.)

Meine Punkte auf dieser Seite: ☐
(Jede richtig erfundene Reihe gibt 1 Punkt.)

A8-1 Lösungen

Wie gehen die Zahlenreihen weiter? – Lösungen

Immer +2

1 3 5 7 9 11 13 15 17 19 21 23 25 27

Immer –3

69 66 63 60 57 54 51 48 45 42 39 36 33 30

+5 –1

20 25 24 29 28 33 32 37 36 41 40 45 44 49

Immer ·2

2 4 8 16 32 64 128 256 528 1024 2048

–3 –4 –5 –6

100 97 93 88 82 79 75 70 64 61 57 52 46 43

Immer +8

15 23 31 39 47 55 63 71 78 86 94 102 110

–5 +2

88 83 85 80 82 77 79 74 76 71 73 68 70 65

·2 +1

2 4 5 10 11 22 23 46 47 94 95 190 191 382

A8-2 Lösungen

Zahlenreihen für Tüftler – Lösungen

ungerade Positionen +4 / gerade Positionen –1

1 60 5 59 9 58 13 57 17 56 21 55 25 54

ungerade Positionen +10 / gerade Positionen –3

50 30 60 27 70 24 80 21 90 18 100 15

+2 +4 –3

3 5 9 6 8 12 9 11 15 12 14 18 15 17

·2 –3 +4

5 10 7 11 22 19 23 46 43 47 94 91 95

:2 ·3 +2

20 10 30 32 16 48 50 25 75 77

ungerade Positionen ·3 / gerade Positionen –3

1 98 3 95 9 92 27 89 81 86 244 83

–7 +9 –3

99 92 101 98 91 100 97 90 99 96 89 98 95

drei Reihen ineinander verschachtelt: Positionen 1,4,7ff: Dreierreihe / Positionen 2,5,8ff: Fünferreihe rückwärts / Positionen 3,6,9ff: Siebnerreihe

3 50 7 6 45 14 9 40 21 12 35 28 15 30

A8-3 Lösungen

Wie gehen die Buchstabenreihen weiter? – Lösungen

Immer +2

A C E G I K M O Q S U W Y A

Immer +3

O R U X A D G J M P S V Y A

+2 +3 +4

B D G K M P T V Y C E H L N

Immer –3

X U R O L I F C Z W T Q N K

+3 –1

A D C F E H G J I L K N M P

–1 +2

M L N M O N P O Q P R Q S R

–1 –2 –3 –4

Y X V S O N L I E D B Y U T

Immer –2

Z X V T R P N L J H F D B Z

A8-4 Lösungen

Wie gehen die Buchstabenreihen weiter? – Lösungen

Buchstabe 1 – 25 – 2 – 24 usw.

A Z B Y C X D W E V F U G T

Ungerade Positionen +2 / gerade Positionen +1

B R D S F T H U J V L W N X

+2 +1

D F G I J L M O P R S U V X

+2 +3 +4

G I L P R U Y A D H J M Q S

–2 –3 –1

Z X U T R O N L I H F C B Z

Immer +4

L P T X B F J N R V Z D H L

–3 +1

Y V W T U R S P Q N O L M J

+10 –2

C M K U S C A K I S Q A Y I

A8-5 Lösungen

Wie lauten die fehlenden Wörter? – Lösungen

Ei	Huhn	Laich	Fisch	Raupe	Schmetterling
Wiese	Gras	Wald	Baum	Stadt	Haus
Kater	Katze	Hengst	Stute	Hahn	Henne
Feuer	warm	Licht	hell	Zitrone	sauer
Glück	Pech	Gewinn	Verlust	Morgen	Abend
riechen	Nase	schmecken	Zunge	sehen	Augen
Wagen	Räder	Schlitten	Kufen	Flugzeug	Flügel
Buch	Leser	Lied	Sänger	Ballett	Tänzer
Fisch	Schuppen	Hase	Fell	Vogel	Federn
Zitrone	gelb	Blut	rot	Himmel	blau

A8-6 Lösungen

Wie lauten die fehlenden Wörter? – Lösungen

Klavier	Tasten	Klarinette	Klappe	Violine	Saiten
Vogel	Luft	Fisch	Wasser	Pferd	Land
Vogel	Kralle	Pferd	Huf	Bär	Tatzen
riesig	winzig	rund	eckig	voll	leer
Schreiner	Holz	Maurer	Zement	Bäcker	Mehl
Uhr	Zeit	Länge	Messband	Waage	Gewicht
Kuh	Stall	Mensch	Haus	Fuchs	Bau
Fensterscheibe	Glas	Brett	Holz	Mauer	Stein
Brille	Etui	Geld	Geldbeutel	Brief	Umschlag
Schwein	Ferkel	Kuh	Kalb	Hund	Welpe

A8-7 Lösungen

Wie gehen die Reihen weiter? – Lösungen

Mensch	Nase	Elefant	Rüssel	Hund	Schnauze

+5 −2

18 23 21 26 24 29 27 32 30 35 33 38 36 41 39

+6 −3

L R O U R X U A X D A G D J G

Fisch	Flosse	Vogel	Flügel	Hund	Pfote

·2 +3

2 4 7 14 17 34 37 74 77 154 157 314 317

−2 −2 +3

Z X V Y W U X V T W U S V T R

Kuh	Hörner	Hirsch	Geweih	Hahn	Kamm

+4 +3 +2

5 9 12 14 18 21 23 27 30 32 36 39 41 45 48

Katze	schnurren	Ziege	meckern	Kuh	muhen

+5 −4 +2

A F B D I E G L H J O K M R N

A9 Fragen für dich, für mich, für uns

Man muss sich selbst wahrnehmen, um andere wahrnehmen zu können, sich selbst verstehen, um andere verstehen zu können. Und man muss sich selbst kennen, um sich in andere einfühlen zu können. Dazu sind emotionales und soziales Lernen gleichermaßen nötig.

In diesem Kapitel wird die Entwicklung der Selbstwahrnehmung in alltäglichen Situationen angeregt. Das Arbeitsmaterial zeigt, wie Übungen für diesen Bereich in der Klasse oder in der Gruppen durchgeführt werden können. Setzen Sie dafür jeden Tag ein paar Minuten ein. Während dieser Zeit darf eine ruhige Musik im Hintergrund laufen.

Erklärungen für die Lernenden
Lest in aller Ruhe diese Fragen auf dem Blatt und lasst sie einen Moment lang auf euch wirken. Macht dann eine kurze Reise durch euren Tag und versucht, Situationen zu finden, die zu den Fragen passen. Schreibt dann eure Antwort auf.

Die Fragen und Denkanstöße auf den Arbeitsblättern A9-1 bis A9-8 können beliebig erweitert werden. Lassen Sie auch die Kinder und Jugendlichen Ideen beisteuern!

Die Übungen können Sie während einer gewissen Zeit (z. B. zwei Monate lang) durchführen und dann wieder beiseite legen. Möglich ist aber auch, dass Sie das ganze Jahr über immer wieder mit solchen Impulsen arbeiten.

Die ausgefüllten Blätter mit den Antworten können in der Gruppe oder Klasse ausgetauscht werden. So erleben Kinder und Jugendliche, wie verschieden Menschen sind und wie unterschiedlich sie Dinge erleben. Ein Austausch von positiven Erlebnissen beeinflusst den Schultag sehr günstig, denn auch positive Gefühle breiten sich aus. Es ist immer wieder erstaunlich, wie man von den guten Gefühlen der anderen profitieren kann. Der Austausch fördert die Entwicklung von **Empathie** (die Fähigkeit, sich in andere einzufühlen). Und wie fast alles kann man auch Empathie üben ...

Da diese Aufgaben Aufmerksamkeit erfordern und helfen, Aufmerksamkeit zu entwickeln, geben Sie den Kindern die Möglichkeit, für das Beantworten der Fragen weitere Punkte für ihr „Aufmerksamkeitsdiplom“ zu erwerben.

A9-1 Mein Name: .... Datum: ....

Wer hat dich heute am schönsten angelächelt?

Welche Personen haben dir heute gezeigt, dass sie dich mögen?
Wie haben sie das gemacht?

Welche Farbe war heute die schönste für dich? Warum?

A9-2 Mein Name: .... Datum: ....

Was war das Beste, was du heute gegessen hast?

Welche Zeit war heute am schönsten für dich? Warum?

Mit wem warst du heute fröhlich?

A9-3 Mein Name: .... Datum: ....

Was war das Schönste, was du heute gesehen hast?

Was hast du heute Feines riechen können?

Mit wem hast du heute gelacht?

A9-4 Mein Name: .... Datum: ....

Wo hast du dich heute wohl gefühlt?

Welches war heute deine schönste Minute?

Was war das Schönste, was du heute gehört hast?

A9-5 Mein Name: .... Datum: ....

Was hat dir heute besonders gut getan?

Wer hat dir heute besonders gut getan?

**Dein Freund / deine Freundin ist traurig.
Was kannst du tun, damit er / sie wieder froh ist?**

A9-6 Mein Name: .... Datum: ....

Ein Junge / Mädchen ist traurig. Warum wohl?

Ein Vater ist traurig. Warum wohl?

Eine Mutter ist traurig. Warum wohl?

A9-7 Mein Name: .... Datum: ....

Was ist dir heute gut gelungen?

Was kannst du gut?

Was würdest du gern noch besser können?

A9-8 Mein Name: .... Mitspieler/in: .... Datum: ....

Welche drei Dinge haben dich heute gefreut?

Lass den Morgen, vom Aufstehen an, an dir vorüberziehen und überlege dir drei Dinge, die dich gefreut haben. Es können ganz winzig kleine oder auch ganz riesige Freuden sein. Die kleinen sind natürlich schwieriger zu finden.

Freude machen

Überlege, wie du jemandem eine Freude machen könntest – den Eltern, den Geschwistern, einem Freund, einer Freundin. Es kann auch nur etwas Kleines sein.

Teil B –
Spiele für das Aufmerksamkeitstraining

In Teil B finden Sie eine Fülle von Spielen zum Training der Aufmerksamkeit. Die meisten Spiele lassen sich problemlos an die Gruppengröße anpassen. Einzelne Spiele eignen sich am besten für die Partnerarbeit. Passen Sie die Spielregeln den Gegebenheiten an – manchmal entstehen ganz neue Spiele daraus.

Bei den vorgeschlagenen Spielen geht es nicht nur um den Arbeitsspeicher, sondern um längerfristige Aufmerksamkeits- und Konzentrationsleistungen. Dabei ist das **Kurzzeitgedächtnis** gefragt. Je nachdem, wie man spielt, kann auch das Langzeitgedächtnis einbezogen werden. Es lässt sich beispielsweise ein Wettbewerb veranstalten, welcher Mitspieler oder welche Mitspielerin morgen / in einer Woche noch am meisten weiß.

Logisches und kreatives Denken kann man brauchen für die „Geschichten zum Knobeln" (B1, siehe S. 60) und die „Spiele mit Wörtern" (B5, siehe S. 78), **blitzschnelle körperliche Reaktionen** sind nötig für die „Bewegungsspiele" (B7, siehe S. 86) und **innere Ruhe und Konzentration** bringen Erfolg bei den „Übungen zur Entspannung" (B3, siehe S. 72).

Gespielt wird mit „Kopf, Herz und Hand". Alle Kanäle sind mit dabei: Hören, Sehen, Bewegen – und manchmal kann auch gelacht werden.

Sicher kennen Sie weitere Spiele, die man unter dem Gesichtspunkt der Aufmerksamkeit hier einordnen könnte. Eigentlich gibt es gar keine Spiele, die ohne Aufmerksamkeit auskommen ...

B1 Geschichten zum Knobeln

Aufmerksamkeit kann man mit Tüfteln und Knobeln trainieren. Bei einigen Spielen, die hier vorgeschlagen werden, ist kreatives Denken gefragt. Solche Spiele machen Spaß, weil es verschiedene Lösungsmöglichkeiten gibt und die Lösungen manchmal witzig sind. Bei andern Spielen heißt es genau aufpassen und logisch denken.

Tüfteln und Knobeln sind ohne Aufmerksamkeit nicht möglich. Die meisten Aufgaben werden mündlich gestellt und man kann nicht nochmals nachschauen, was gesagt wurde. Es gilt also, aufmerksam zu sein. Bei einigen Spielen müssen zusätzlich bereits genannte Antworten im Gedächtnis behalten werden.

Beim Spielen werden jeweils Belohnungschips verteilt, die anschließend in Punkte für das „Aufmerksamkeitsdiplom" umgewandelt werden.

Knobelgeschichten

Vorbereitung
Wählen Sie eines der folgenden Beispiele aus oder erfinden Sie selbst eine Knobelgeschichte.

Durchführung
Lesen Sie die Geschichte langsam und deutlich vor. Die Mitspielenden passen gut auf. Durch Nachfragen können unbekannte Sachverhalte geklärt werden. Die Fragen müssen jedoch so gestellt werden, dass sie mit „ja", „nein" oder „weiß nicht" beantwortet werden können.

Weil es bei diesem Spiel um kreatives Denken geht, sind verschiedene Lösungen möglich.

Fragen zur Geschichte „Herr Huber fährt Lift" (siehe unten) könnten sein: Hat Herr Huber Angst vor langen Liftfahrten? Hält der Lift beim Aufwärtsfahren nicht im 22. Stock? Will Herr Huber Fitnesstraining machen? – Die „richtige" Antwort finden Sie am Schluss der Geschichte.

Auswertung
Chips gibt es für die **„richtige"** Lösung (legen Sie im Voraus fest, welches die richtige Lösung sein soll). Ebenso können **alle möglichen** Lösungen als richtig gelten (prüfen Sie, welche der genannten Lösungen Hand und Fuß haben).
Weiterführung: Für die **witzigsten** Lösungen gibt es Zusatzpunkte. Jury ist die Gruppe.

Herr Huber fährt Lift

Herr Huber arbeitet im 22. Stock eines Hochhauses. Nach der Arbeit steigt er im 22. Stock in den Lift und fährt bis zum Erdgeschoss. Wenn er zur Arbeit geht, benutzt er jedoch nie den Lift bis zum 22. Stock, sondern steigt im 11. Stock aus und geht zu Fuß weiter. Warum?

Lösung: Herr Huber ist zu klein, um einen Knopf zu drücken, der sich weiter oben befindet.

Sonderbare Fressgewohnheiten

Fisch Felix schwimmt heute ganz vergnügt durchs Aquarium. Da kommt Sven und streut frisches Futter ins Wasser. Die Flocken sinken langsam zu Boden. Felix ist hungrig, stürzt sich auf die Flocken und verschlingt eine um die andere. Er frisst, wie immer, nur die Flocken auf seiner rechten Seite. Warum?

Lösung: Felix sieht auf dem linken Auge nichts.

Vor dem entscheidenden Spiel

Sandro ist zwölf Jahre alt. Er spielt seit fünf Jahren Fußball und steht nun schon die zweite Saison im Tor. Seine Mannschaft führt im Moment die Tabelle an. Das letzte Spiel steht vor der Tür. Alle sind reichlich nervös. Warum?

Lösung: Sie haben den Fußball verloren.

Hinweise:
- *Lassen Sie die Lernenden alle Lösungsvorschläge aufschreiben, an die sie sich erinnern. Dies ist eine zusätzliche Übung zur Aufmerksamkeit und trainiert das Gedächtnis.*
  Für jeden richtig notierten Lösungsvorschlag gibt es 1 Punkt, der auf den Sammelbogen übertragen wird.
- *Lassen Sie die Kinder auch eigene Geschichten nach dem gleichen Muster erfinden und selber vortragen.*

Gesucht wird …

Beim Steckbriefspiel geht es darum, einen Mitspieler zu identifizieren. Wer herausfindet, wer gesucht wird, darf den nächsten Steckbrief vorlesen.

Vorbereitung
Verfassen Sie mit der Klasse oder Gruppe gemeinsam einen Steckbrief, damit die Kinder lernen, wie ein solcher Text gemacht wird. Dann schreiben alle Mitspielenden zwei oder drei Steckbriefe für das Klassenspiel auf.

Anstelle äußerer Merkmale können ältere Schüler, die einander gut kennen, auch Persönlichkeitsmerkmale nennen (Stärken, Hobbys usw.): „Gesucht wird ein Junge mit dunklen Haaren. Er ist meist fröhlich und für vieles zu haben. Sein Hobby ist Skaten. Er isst gern Salat."

Durchführung
Reihum werden die Steckbriefe vorgelesen. Die Mitspieler hören aufmerksam zu und notieren, welche Person gemeint sein könnte.

Auswertung
Wer richtig getippt hat, bekommt einen Chip. Am Schluss zählt jeder Spieler seine Chips; die entsprechenden Punkte werden ihm gutgeschrieben.

Blitzgeschichten

Gemeinsam wird eine Geschichte erfunden, bei der die angefangenen Sätze in der Luft stehen bleiben, bis der Nächste weiter fährt. Es wird auf Tempo gespielt, die Geschichte darf jederzeit auch eine unsinnige Wendung nehmen.

Vorbereitung
Setzen Sie sich mit der Gruppe in einen Kreis.
Alle Spieler erhalten 10 Chips.

Durchführung
Beginnen Sie eine Geschichte zu erzählen und hören Sie mitten im Satz zu sprechen auf. Nun ist Ihr Nachbar zur Rechten an der Reihe. Er macht den Satz fertig, beginnt einen neuen Satz und bleibt ebenfalls mitten drin stehen. Wer nicht rasch weiter weiß, gibt einen Chip ab.

Beispiel
1. Spieler: „Die bunte Wiese ist voll Blumen, die …"
2. Spieler: „wunderschön blühen. Aber leider …"
3. Spieler: „zogen sich schwarze Gewitterwolken zusammen. Schnell …
4. Spieler: „spannten alle Blumen ihren Regenschirm auf. Und als …

5. Spieler: „es zu regnen und zu hageln begann, lachten die Blumen und sagten ..."
6. Spieler: „Das haben wir prima gemacht. Jetzt bauen wir ..."
usw.

Auswertung
Nach einer abgesprochenen Anzahl Runden zählen alle Spieler die verbliebenen Chips und tragen die entsprechenden Punkte auf dem Sammelbogen ein.

Fehlergeschichten

Vorbereitung
Bereiten Sie eine Geschichte vor, in die Sie möglichst viele Fehler verpacken.
Diese Aufgabe kann auch ein älteres Kind übernehmen.

Durchführung
Lesen Sie die Geschichte ganz langsam vor. Wer jeweils als Erster einen Fehler merkt und „stopp!" ruft, erhält einen Chip. Wer irrtümlicherweise „stopp!" ruft, muss einen bereits gewonnenen Chip abgeben.

Beispiel

Eine Wintergeschichte

Alexandra erzählt am 29. Dezember:
Gestern war ich bei meiner Großmutter im Garten. Der Flieder duftete wunderbar! *(stopp: Im Winter gibt es keinen blühenden Flieder!)*
Ich schlenderte durch den Schnee zur Haustür, die weit offen stand. Die warme Winterluft *(stopp: Die Winterluft ist nicht warm!)* erfüllte das Haus. Ich klingelte und meine Großmutter schloss die Tür ab. *(stopp: Sie öffnete die Tür!)* Ihre warme Mütze und die dicken Fellstiefel standen ihr gut. *(stopp: Diese Kleidungsstücke trägt man nicht im Haus!)* usw.

„Hallo!", rief sie ganz freudig aus „Bist du schon da?! Ich habe dich erst *gestern* erwartet!" Ich lachte laut auf und war *traurig,* meine Großmutter zu sehen.

„Geh in den *warmen Garten*!", sagte sie freundlich und ließ mich eintreten. Ich zog meinen *Pyjama* aus und hängte ihn an die Garderobe.

„Komm, wir trinken einen warmen *Eistee* zusammen. Ich habe auch noch feine *Schokoladenosterhasen,* weiße und braune! *Frisch gebacken,* extra für dich!" Wir *schwammen* ins Wohnzimmer und machten es uns *unter* dem Tisch gemütlich. Meine Großmutter *fuhr* in die Küche und kam bald mit zwei dampfenden Tassen Limonade zurück.

„*Iss,* das wird dir gut tun. Er wird dich etwas *abkühlen.* Du bist ja ganz *verschwitzt*!" Dann holte sie die *frisch gebackenen Schokoladeosterhasen.* Sie dampften noch und dufteten *abscheulich.*

Durch das Haus wehte eine frische Meeresbrise und wir waren ganz zufrieden. Wir blieben noch lange auf dem *harten* Sofa sitzen und ich hörte meiner Großmutter zu, wie sie Geschichten von früher erzählte. Am liebsten wäre ich *sofort wieder gegangen.* Aber ich musste um *Mitternacht* zu Hause sein."

Auswertung
Am Schluss der Geschichte zählt jeder Spieler seine Chips und trägt die entsprechende Punktzahl auf seinem Sammelbogen ein.

Weiterführung: Die Kinder schreiben alle Fehler auf, an die sie sich erinnern, und erhalten für jeden 1 Punkt.

„Kapitänsgeschichten“

„Kapitänsgeschichten“ sind nach dem bekannten Muster der Geschichte aufgebaut, bei der die Schlussfrage lautet: „Wie alt ist der Kapitän?“ Im Gegensatz zu den traditionellen Kapitänsgeschichten haben unsere Geschichten eine logische Lösung, denn die Aufgabe soll durch Aufmerksamkeit und Herausfiltern des Unwichtigen gelöst werden können.

Vorbereitung
Stellen Sie die nachfolgende Geschichte bereit oder erfinden Sie selbst eine „Kapitänsgeschichte“. Natürlich klappt es auch mit einem Bäcker, einem Schreiner und sicher auch mit einer Lehrerin.
Bereiten Sie für jeden Mitspielenden eine Kopie vor.

Durchführung
Lesen Sie die Geschichte vor. Jeder Mitspieler notiert die Lösung.
Falls die Lösung von niemandem gefunden wird, geben Sie die Geschichte zum Lesen ab.

Auswertung
Die richtige Lösung gibt 5 Punkte.
Weiterführung: Die Spielenden schreiben alle Informationen aus der Geschichte auf, an die sich erinnern. Für jede wird 1 Punkt gutgeschrieben.

Kapitän Meisterhans ist ein überaus gewichtiger Mann. Er misst 190 cm und wiegt beinahe 100 Kilo. Er hat sein Kapitänspatent mit 22 Jahren gemacht. Seither fährt er ein großes Schiff. Es ist 70 m lang, hat 7 Kojen und 4 Toiletten. Damit fährt er jede Woche fünfmal aufs Meer hinaus. Alle drei Monate fährt er am 2. Sonntag des Monats alle Bewohner der Stadt hinaus, die in den letzten 90 Tagen 18 Jahre alt geworden sind. Er selbst kommandiert das Schiff schon seit 25 Jahren. Sein jüngster Sohn ist 22-jährig. Wie alt ist der Kapitän?

Lösung: 47 Jahre (22 Jahre + 25 Jahre)

Knacknüsse und Denksportaufgaben

Die Aufgaben werden vorgelesen, die Mitspielenden schreiben die Lösung auf.
Jede richtige Lösung gibt 3 Punkte.

Hinweis: Viele Aufgaben lassen sich leichter lösen, wenn die Kinder Notizen machen dürfen – es ist auch dann zum Teil sehr schwierig, die Lösung zu finden.

Der Sturz von der Leiter

Lara, Marc, Ben und Silvio wollen im Baumhaus spielen. Lara, Marc und Ben sind schon oben in schwindelerregender Höhe. „Ich komme auch!“, ruft Silvio und klettert hoch. Die Strickleiter hat 30 Sprossen und ist über 10 Meter lang. Da passiert es: Silvio stürzt von der Strickleiter auf den harten Boden! Wie durch ein Wunder bleibt er unverletzt. Oder war es doch kein Wunder? Warum ist er heil davongekommen?

Lösung: Er war von der zweituntersten Sprosse gefallen.

Schwimmen macht durstig

Der deutsche Schwimmklub Nasshausen geht nach dem Training wie jeden Montag ins Gasthaus. Alle sind unheimlich durstig vom langen Schwimmen, sogar die Trainerin, obwohl sie selbst nicht trainiert hat. Alle trinken dasselbe und zahlen am Schluss zusammen 44 Euro 11 Cent. Wie viele Klubmitglieder waren im Gasthaus?

Lösung: 10 Mitglieder (und die Trainerin)

Das Süssmostfass

Sandra und Simon stehen vor einem großen Fass Süßmost. Sie streiten sich darüber, wie voll das Fass ist: Simon meint, es sei weniger als halb voll, Sandra dagegen meint, es sei mehr drin.
Wie können die beiden das herausfinden?
Die Mitspielenden sammeln Ideen: Man könnte es mit einem Meter- oder Holzstab ausmessen. Man könnte es ausschöpfen usw.
Nun geht das alles leider nicht, weil Sandra und Simon keinerlei Hilfsmittel haben. Wie lösen sie das Problem?

Lösung: Sie kippen das Fass leicht, bis der Most den Fassrand berührt: Sieht man den Boden, ist das Fass weniger als halb voll. Sieht man ihn nicht, ist es mehr als halb voll.

Bauer Schlau

Bauer Schlau lebt in den Bergen. Zu Weihnachten besucht er seine Mutter im Tal. Er nimmt eine Weihnachtsgans mit, einen Weihnachtsstollen und natürlich seinen frechen und immer hungrigen Hund Bello. Sie benutzen die Materialseilbahn, um über die Schlucht zu kommen. Die Seilbahn besteht aus einem engen Korb, in den neben Bauer Schlau nur noch *ein* Gegenstand oder Tier passt – entweder der Hund, die Gans oder der Stollen. Er muss also eines nach dem anderen transportieren. Wie soll er das nur anstellen? Lässt er die Gans mit dem Stollen zurück, dann frisst sie den Stollen. Lässt er aber den Hund mit der Gans allein, verscheucht Bello die Gans sicher mit seinem Gebell. Zum Glück mag Bello keinen Weihnachtsstollen! Sonst wäre guter Rat wirklich teuer. Wie geht Bauer Schlau vor?

Lösung: Bauer Schlau nimmt zuerst die Gans mit, lädt sie jenseits der Schlucht aus und fährt wieder zurück. Auf die zweite Fahrt nimmt er Bello mit und fährt mit der Gans zurück. Oben angekommen, lädt er die Gans aus und den Stollen ein. Den lädt er auf der anderen Seite der Schlucht aus, wo Bello wartet. Zuletzt holt er noch die Gans.

Schneckenpost

An einem regnerischen Dienstagmorgen beginnt eine Schnecke auf den Kirchturm zu kriechen. Ihr Ziel ist die Goldkugel auf der Spitze. Dazu muss sie 30 Meter hoch kriechen. Jeden Tag schafft sie 7 Meter, in der Nacht rutscht sie aber wieder 3 Meter zurück. An welchem Tag hat die Schnecke ihr Ziel erreicht und kann ihre Fühler auf die goldene Kugel legen?

Lösung: Am siebten Tag, und zwar am Montagabend.

Eine schwierige Aufgabe

Kunigunde, ein junges Burgfräulein, hat von dem berühmten Zauberer Oz gehört. Sie möchte zaubern lernen und fragt ihn deshalb, ob sie bei ihm in die Lehre kommen dürfe. Oz legt seine Stirn in tiefe Falten und zögert. „Ich werde bestimmt gut lernen bei dir!", bettelt Kunigunde. Oz lässt sich erweichen. „Gut, ich nehme dich. Aber nur, wenn du hier und jetzt folgende Aufgabe löst: Nimm diesen Ball und wirf ihn so, das er ein kleines Stück fliegt, dann anhält, die Richtung wechselt und den genau entgegengesetzten Weg nimmt. Dabei darf der Ball aber nirgends abprallen." Kunigunde will schon fast aufgeben. Plötzlich geht ein Leuchten über ihr Gesicht. Welche Lösung ist ihr eingefallen?

Lösung: Sie wirft den Ball senkrecht in die Luft.

Jede Menge Brezeln

In der Großbäckerei werden Brezeln hergestellt. Acht Bleche voll Brezeln müssen 20 Minuten im Ofen bleiben. Wie lange würde es bei achtzig Blechen dauern?

Lösung: Auch 20 Minuten!

Geburtstagsgeschenke

Martin wohnt in Zürich. Er bekommt zum Geburtstag von seinem Paten und den Eltern insgesamt 240 Franken geschenkt. Er kauft sich davon einen CD-Player und die neuste CD seiner Lieblingsband. Das geht genau auf! Der CD-Player kostet 190 Franken mehr als die CD. Wie viel kostet die CD?

Lösung: Die CD kostet 25 Franken. (Der CD-Player kostet 215 Franken.)

Rechenaufgaben

Mündlich gestellte Textrechenaufgaben sind eigentlich nichts anderes als kleine Geschichten zum Knobeln. Beim Aufmerksamkeitstraining bekommen die Mitspielenden den Text nicht in schriftlicher Form und dürfen während des Zuhörens auch keine Notizen machen. Es geht hier nicht um das Rechnen, sondern um die Aufmerksamkeit!

Vorgehen
Lesen Sie die Rechenaufgabe vor. Die Kinder notieren (nur!) die Lösungen. Nach jeder Aufgabe erfolgt die Kontrolle, am Schluss ermittelt jedes Kind seine Gesamtpunktzahl.

Auswertung
Jede richtige Lösung ergibt 1 Punkt.

Hinweise

- *Achten Sie darauf, dass die Aufgaben wirklichkeitsnah und rechnerisch einfach sind.*
- *Auch sprachlich müssen die Aufgaben einfach sein. Klären Sie erst, ob die Fremdwörter für „Malrechnen", „Zuzählen" usw. vertraut sind und weichen Sie bei Bedarf auf die in ihrer Klasse üblichen Bezeichnungen aus.*
- *Die Aufgaben müssen kurz sein, denn die Kinder sollen sie im Kopf behalten.*
- *Zum Trost: Rechnen ist nicht jedermanns Sache. Wer bei diesen Aufgaben nicht gut ist, hat dafür anderswo Erfolg!*

Ergänzen Sie die folgenden Bespiele mit sinnvollen und interessanten Aufgaben aus Ihren Rechenlehrmitteln.

① In Svens Klasse sind 13 Jungen, bei den Mädchen sind es 3 weniger. Wie viele Kinder sind in der Klasse? *(23 Kinder)*

② Für ein Spiel stellt sich die Klasse in Viererreihen auf. Wie viele Reihen gibt es? *(5 ganze Reihen, 3 Kinder bleiben übrig)*

③ Die Lehrerin misst die Körperlänge aller Schüler. Sven misst 1 m 32 cm. Das sind 6 cm mehr als vor einem Jahr. Wie groß war er damals? *(1 m 26 cm)*

④ Die kleinste Schülerin misst 1 m 20 cm, die größte 1 m 41 cm. Wie viel beträgt der Unterschied? *(21 cm)*

⑤ Sarah springt 80 cm hoch. Der Klassenrekord liegt 27 cm höher. Wie hoch sprang die Klassenbeste? *(1 m 7 cm)*

⑥ Jede Seite des quadratischen Turnplatzes misst 20 m. Beni rennt dreimal um den ganzen Platz. Wie viele Meter ist er gelaufen? *(240 m)*

⑦ Beni rennt 3 m pro Sekunde. Wie lang braucht er für die drei Platzrunden? *(80 s = 1 min 20 s)*

⑧ Vera rennt 4 m pro Sekunde. Sie rennt 25 Sekunden lang um den Platz. Wie viele Meter hat sie zurückgelegt? *(100 m)*

⑨ Wie lang muss Vera noch rennen, um wieder an ihrem Ausgangspunkt anzukommen? *(15 s)*

⑩ Sandra springt im Weitsprung 2 m 40 cm. Monica springt 23 cm weiter. Wie weit springt Monica? *(2 m 63 cm)*

⑪ Beni springt am weitesten, nämlich 2 m 45 cm. Der Junge mit dem kürzesten Sprung schafft 1 m 98 cm. Wie groß ist der Unterschied? *(47 cm)*

⑫ Ich denke mir eine Zahl. Ich multipliziere sie mit fünf und zähle drei dazu. Ich erhalte 53. Wie lautet meine Zahl? *(10)*

⑬ Ich denke mir eine Zahl. Ich dividiere sie durch 10 und addiere 7. Ich erhalte 17. Wie lautet meine Zahl? *(100)*

⑭ Ich denke mir eine Zahl. Ich multipliziere sie mit 5 und addiere 8. Ich erhalte 33. Wie lautet meine Zahl? *(5)*

⑮ Ich denke mir eine Zahl. Ich verdopple sie und subtrahiere 15. Ich erhalte 35. Wie lautet meine Zahl? *(25)*

⑯ Das Ausflugsschiff Albatros darf 200 Personen befördern. Am letzten Sonntag führte es 8 Fahrten aus. Das Schiff war jedes Mal voll, nur auf der letzten Fahrt waren 50 Plätze frei. Wie viele Personen beförderte das Schiff an dem Tag? *(1550 Personen)*

⑰ In einem Käsekeller liegen viele Käselaibe. Die größten wiegen 120 kg, davon gibt es 7 Stück. Wie schwer sind sie zusammen? *(840 kg)*

⑱ Der kleinste Käse wiegt 75 kg. Es liegen 12 solche Laibe auf dem Gestell. Wie schwer sind sie zusammen? *(900 kg)*

Scherzfragen (Arbeitsblätter B1-1 bis B1-4)

Scherzfragen erfordern flexibles Denken und eine Portion Humor.
Die Blöcke mit je sieben Aufgaben sind sicher anspruchsvoll genug, auch für erfahrenere Tüftler. Bei der Arbeit mit jüngeren Spielern sollten Sie mit kleineren Portionen beginnen.

Vorbereitung
Wählen Sie eines der Blätter B1-1 bis B1-4 aus.

Durchführung
Lesen sie die Fragen einzeln vor und lassen Sie genügend Zeit zum Nachdenken.
Wer eine Lösung findet, schreibt sie auf.
Am Schluss jedes Blockes werden die Lösungen gemeinsam verglichen und die Punkte gezählt.

Auswertung
Pro richtige Lösung gibt es 1 Punkt.
Manchmal gibt es mehrere Lösungen. Akzeptieren Sie alle sinnvollen Antworten.

Hinweise:
- *Wie viele Wörter wissen Ihre Tüftler noch nach einer Stunde? Nach einer Woche? Wenn Sie diese Frage im Voraus ankündigen, macht es noch munterer. Die Kinder werden staunen: Manchmal wissen sie nach einer Stunde mehr als direkt nach dem Lösen der Aufgaben. Warum? Das Hirn braucht Zeit, um sich Dinge zu merken (man nennt dies Konsolidierungszeit).*
- *Die Arbeitsblätter können ausgedruckt und in einer Denk- oder Aufmerksamkeitswerkstatt oder für die Freiarbeit eingesetzt werden.*
- *Lassen Sie die Lernenden (als Hausaufgabe) weitere Scherzfragen suchen oder eigene erfinden.*

Lösungen zu den Scherzfragen

Scherzfragen 1

1 *1 Brücke. 2 Fledermäuse. 3 Kastanie. 4 Schreihals. 5 Vormund. 6 Spinnennetz. 7 Girlanden.*
2 *1 Uhrzeiger. 2 Spaßvogel. 3 Weltraum. 4 Glockenschlag. 5 Mundhöhle. 6 Fensterladen. 7 Durchzug.*
3 *1 Schallmauer. 2 Die Pupillen. 3 Treibhaus. 4 Augapfel. 5 Zündkerze. 6 Bandscheibe. 7 Kaffeesatz.*

Scherzfragen 2

1 *1 Apotheke. 2 Fragebogen. 3 Dachstuhl. 4 Hering. 5 das „u". 6 Das Lampenfieber. 7 auf der Landkarte.*
2 *1 Zeit. 2 Sonnenstrahl. 3 Nie, denn es wird Gras gemäht. 4 Eines, danach ist man nicht mehr nüchtern. 5 Wenn er deutsch gelernt hat. 6 Das "H". 7 Tausendfüssler mit Holzbein.*
3 *1 Die Hausfrau weicht ein, der Radfahrer weicht aus. 2 Regenbogen. 3 Echo. 4 Keine, man muss sie hineinlegen. 5 Boxring. 6 mit „t". 7 Studenten.*

Scherzfragen 3

1 *1 Der Mittelteil von Lampenschirm. 2 Nass. 3 Englisch. 4 Weil man sich den Kopf zerbrechen kann. 5 Pony. 6 Bis in die Mitte, dann läuft er wieder hinaus. 7 Höher als alle andern.*

2 *1 Regen. 2 Er hebt das andere Bein hoch. 3 Eis. 4 Steckenpferd. 5 Schlüsselbart. 6 Der Floh. 7 Zwei heulende Hunde.*

3 *1 Kolumbus. 2 Das „f". 3 Die Sternbilder. 4 Das „o". 5 Dreispitz. 6 Schraubenmutter. 7 Die Motte: sie frisst nur Löcher.*

Scherzfragen 4

1 *1 Mond. 2 Frühjahr. 3 Weil er so viele schlaflose Nächte hat. 4 Das „m": sonst wäre es ein Scherz. 5 Der Beifall. 6 Die besteht nicht aus Silben, sondern aus Stahl. 7 Der Kopfsalat.*

2 *1 Mit „z". 2 Die Milchstraße. 3 Ein Cowboy, der sein Pferd verloren hat. 4 Weil Weihnachten vor der Tür steht. 5 Weil es bei Halbmond ein Gedränge gäbe. 6 "Jetzt aber ab ins Brett!" 7 Sie hat das Bügeleisen nicht ausgeschaltet.*

3 *1 Götterspeise. 2 Wörterbuch. 3 Sie lebten dort. 4 Mit der ersten Seite. 5 Italienisch. 6 Schwamm. 7 Vorgestern, gestern, heute, morgen, übermorgen.*

B1-1 Mein Name: ______ Datum: ______

Scherzfragen 1

1

1. Was geht übers Wasser und steht doch still?
2. Welche Mäuse fliegen über Berg und Tal?
3. Welcher Igel legt Mahagoni-Eier?
4. Welcher Hals kann strampeln und weinen?
5. Welcher Mund kann hören, sehen, stehen und gehen?
6. Was hängt an der Wand und kein Mensch hat es befestigt?
7. In welchen Landen sind keine Menschen vorhanden?

2

1. Was geht immer, darf nie stehen und muss sich genau im richtigen Tempo drehen?
2. Welcher Vogel hat keine Federn?
3. Welcher Raum ist kein Zimmer?
4. Welcher Schlag tut nicht weh?
5. In welcher Höhle wohnt kein Tier?
6. In welchem Laden kann man nichts laufen?
7. Welcher Zug braucht keinen Bahnhof?

3

1. Auf welcher Mauer steht kein Haus?
2. Welche Pillen verordnet kein Arzt?
3. Welches Haus hat keine Wohnung?
4. Welcher Apfel hängt nicht am Baum?
5. Welche Kerze steckt nicht im Kerzenständer?
6. Welche Scheibe ist nicht aus Glas?
7. Welchen Satz kann man nicht schreiben?

B1-2 Mein Name: ______ Datum: ______

Scherzfragen 2

1

1. Welche Theke steht nicht in der Wirtschaft?
2. Mit welchem Bogen kann man nicht schießen?
3. Welcher Stuhl hat keine Beine?
4. Welchen Ring trägt man nicht am Finger?
5. Was steht mitten im Feuer und brennt nicht?
6. Welches Fieber kann kein Arzt messen?
7. Wo haben Flüsse kein Wasser?

2

1. Was läuft ohne Füße fort?
2. Was kann durch eine Scheibe fallen ohne sie zu zerbrechen?
3. Wann wird am Bodensee das Heu gemäht?
4. Wie viele Eier kann man auf nüchternen Magen essen?
5. Wann sagt ein Chinese "Guten Morgen"?
6. Was haben Himmel und Hölle gemeinsam?
7. Was macht 999-mal tick und einmal tack?

3

1. Was ist der Unterschied zwischen einer Waschfrau und einem Radfahrer?
2. Wer geht über das Wasser und wird nicht nass?
3. Wer kann in allen Sprachen reden?
4. Wie viele Kaffeebohnen gehen in ein Literglas?
5. Welcher Ring ist nicht rund?
6. Womit hört die Nacht auf und beginnt der Tag?
7. Welche Enten haben keine Federn?

B1-3 Mein Name: ______ Datum: ______

Scherzfragen 3

1

1. Was ist ein Pensch?
2. Wie wird ein schwarzer Stein, den man ins Rote Meer wirft?
3. Wie spricht man in England über die Deutschen?
4. Warum kann Rätselraten so gefährlich sein?
5. Was ist das: Es fängt mit Po an, hat vier Buchstaben und man kann darauf sitzen?
6. Wie weit läuft der Hase in den Wald hinein?
7. Wie hoch ist der höchste Berg?

2

1. Was fällt herab, ohne sich zu verletzen?
2. Was macht ein Storch, wenn er auf einem Bein steht?
3. Wie schreibt man „Wasser“ nur mit drei Buchstaben?
4. Auf welchem Pferd kann man nicht reiten?
5. Welcher Bart wird nie rasiert?
6. Welches Tier geht in einem Hemd spazieren?
7. Was macht mehr Lärm als ein heulender Hund?

3

1. Welcher Bus hat den Ozean überquert?
2. Was ist beim Pferd klein und beim Floh groß?
3. Welche Bilder kann man nur im Dunkeln sehen?
4. Was steht mitten in Rom?
5. Wie viel sind zwei und ein Spitz?
6. Welche Mutter hat gar kein Kind?
7. Welches Tier ist am genügsamsten?

B1-4 Mein Name: ______ Datum: ______

Scherzfragen 4

1

1. Wer nimmt andauernd ab und wieder zu?
2. Welches Jahr hat nur drei Monate?
3. Warum ist der Mond so blass?
4. Was macht den Schmerz so unangenehm?
5. Welcher Fall tut niemandem weh?
6. Aus wie viel Silben besteht eine Stecknadel?
7. Wer trägt das Herz im Kopf?

2

1. Womit beginnen Zahnschmerzen immer?
2. Welche Straße hat noch nie jemand befahren?
3. Was ist ein Sattelschlepper?
4. Warum müssen wir im Dezember bald durch das Fenster ins Haus?
5. Warum können auf dem Mond keine Menschen leben?
6. Was sagt die Holzwurmmutter abends zu ihren Kindern?
7. Warum kann Familie Eskimo den Iglu nicht mehr finden?

3

1. Was essen Engel?
2. Wo findet auch die ekelhafteste Person Sympathie?
3. Am 10. August 1988 waren drei Millionen Menschen in London. Warum?
4. Womit fängt die Bibel an?
5. Wie spricht man in Italien über Parlamentarierinnen?
6. Was kann man nicht mit Worten ausdrücken?
7. Gibt es fünf aufeinander folgende Tage, die kein „a“ enthalten?

B2 Spiele zur Konzentration

Aufmerksam sein, heißt sich zu konzentrieren und sich auf seine Mitte hin auszurichten. Es bedeutet, sich auf etwas einzustellen und dabei zu bleiben. Sieger und Verlierer gibt es bei diesen Spielen nicht. Trotzdem sind sie bei den Kindern beliebt, denn sie sind spannend und geben auch manchmal zu lachen.

Stille Post

Botschaften werden weitergegeben und sollen korrekt am Ziel ankommen.

Vorbereitung
Die Kinder sitzen in einer Reihe.

Durchführung
Das erste Kind flüstert seinem Nachbarn einen Satz ins Ohr. Dieser gibt ihn flüsternd weiter, bis der Satz beim letzten Kind ankommt. Dieses sagt ihn laut und das erste Kind prüft, ob das Gehörte dem Satz entspricht, den es auf den Weg geschickt hat.
Falsche „Post" gibt meist viel zu lachen.
Wenn Post fehlerhaft ankommt, kann man versuchen, die Fehlerquelle zu eruieren.

E-Mail schicken

Bei diesem Spiel werden kurze Nachrichten „schriftlich" weitergegeben und „gefühlt" statt gelesen.

Vorbereitung
Die Kinder bilden Zweiergruppen.

Durchführung
Die Kinder „schreiben" sich mit dem Finger gegenseitig Wörter oder Sätze auf den Rücken. Hat der Spielpartner die Botschaft entziffert, werden die Rollen getauscht.

Anspruchsvollere Variante, die schon ein wenig Erfahrung mit diesem Spiel erfordert: Die Spieler sitzen hintereinander in einer Reihe. Der Hinterste „schreibt" dem vor ihm sitzenden Spieler mit dem Finger ein Wort oder einen Satz auf den Rücken. Was kommt am Ende der Reihe an?

Verhexte 4

Vorbereitung
Die Gruppe sitzt im Kreis oder in einer anderen günstigen Anordnung.

Durchführung
Gemeinsam wird gezählt, d. h. jedes Kind sagt der Reihe nach eine Zahl der Zahlenreihe.
Begonnen wird mit 1. Statt 4 muss man „psst" sagen.
Bei der einfacheren Variante werden alle Zahlen, die 4 enthalten (14, 24 usw.), durch „psst" ersetzt.
Wer hereinfällt, scheidet aus.

Anspruchsvollere Varianten:
- *Alle Zahlen die durch 4 teilbar sind, werden durch „psst" ersetzt.*
- *Sowohl die Zahlen, die 4 enthalten, wie auch die Zahlen die durch 4 teilbar sind, werden durch „psst" ersetzt.*
- *Dieselben Spiele werden mit Rückwärtszählen gespielt.*

„Ich sehe was, was ihr nicht seht"

Dieses altbekannte Ratespiel ist ein hervorragendes Aufmerksamkeitstraining. Es geht darum, aufgrund geschickter Fragen herauszufinden, was gemeint ist.

Vorbereitung
Ein Spielleiter wird bestimmt.

Durchführung
Der Spielleiter merkt sich einen Gegenstand im Zimmer. Die Mitspielenden sollen herausfinden, um welchen Gegenstand es sich handelt. Sie dürfen dazu nur Fragen stellen, die mit „ja" oder „ nein" beantwortet

werden können. Wer das Rätsel löst, wird Spielleiter und darf die nächste Rateaufgabe stellen.

Beispiel
„Ich sehe was, was ihr nicht seht und das ist rot."
„Ist es ein Kleidungsstück?" „Nein."
„Ist es der Apfel auf dem Tisch?" „Nein."
„Ist es kleiner als der Apfel"? „Ja."
„Ist es viereckig?" „Nein."
„Ist es eine Kirsche in der Fruchtschale". „Ja!"

Varianten:
- *Man darf sich auch Dinge ausdenken, die nicht im Zimmer zu sehen sind. Der Spielleiter sagt dann: „Ich weiß etwas, was Ihr nicht wisst."*
- *Anstelle von Gegenständen können auch Personen oder Tiere erraten werden.*
- *Am schwierigsten ist das Spiel mit abstrakten Begriffen wie „Glück", „Rechnen" oder „Hunger". Diese Variante eignet sich nur für ältere Kinder und Jugendliche.*

Kimspiel

Vorbereitung
Legen Sie 10–15 kleine Gegenstände in einen Kreis.

Durchführung
Die Kinder haben 1 bis 2 Minuten Zeit, die Gegenstände zu betrachten und sie sich zu merken. Anschließend schreiben sie auf, woran sie sich erinnern. Wer die meisten Gegenstände auf seiner Liste hat, ist Sieger und darf die nächste Runde vorbereiten.

Varianten für den Einzelunterricht oder für Kleingruppen
- *Gibt man die Gegenstände in einen Stoffsack und lässt sie ertasten, wird der taktil-kinästhetische Kanal trainiert.*
- *Das Kimspiel lässt sich auch mit Geräuschen durchführen: Die Kinder merken sich mit geschlossenen Augen, was sie hören, und schreiben anschließend die Geräusche oder die Geräuschquellen auf. (Glocke, Löffel, Pfeifen ...)*

Koffer packen

Dieses Spiel erfordert neben Aufmerksamkeit und Konzentration auch eine erhebliche Gedächtnisleistung.

Vorbereitung
Es wird bestimmt, wer beginnen darf und in welcher Reihenfolge gespielt werden soll.

Durchführung
Der erste Spieler sagt: „Ich packe meinen Koffer. Ich packe rote Schuhe ein." Der Nächste fährt fort: „Ich packe meinen Koffer. Ich packe rote Schuhe und einen blauen Pulli ein" usw. Wer etwas vergisst, scheidet aus. Das Spiel dauert so lange, bis nur noch der Sieger übrig bleibt.

Hinweis: Man kann reihum im Kreis spielen, man kann aber auch einen Ball oder Blick (!) werfen, um den nächsten Spieler zu bestimmen.

Länger und länger

Das Spiel folgt den gleichen Regeln wie „Koffer packen".
Es wird mit Sätzen gespielt, die immer länger werden.

Beispiel:
Der erste Spieler beginnt das Spiel mit einem kurzen Satz, z. B. „Peter läuft." Der nächste Spieler verlängert den Satz: „Peter läuft schnell", der dritte fährt weiter: „Peter läuft schnell hinauf" usw.

„Stille Minute"

Wenn es einmal sehr laut und lebhaft wird oder wenn Sie denken, es wäre notwendig, eine Ruheinsel zu schaffen, schalten Sie eine „stille Minute" ein. Während ein (oder zwei) Minuten ist es im Zimmer ganz ruhig. Die Schüler denken an etwas Schönes, an etwas, das sie heute gelernt haben, an einen Menschen, den sie gern haben usw.

Hinweis: Lassen sie die Kinder anschließend raten, wie lange die Stille gedauert hat. Viele Lernende haben Mühe, Zeit zu schätzen. Die „stille Minute" ist eine gute Möglichkeit, um das Zeitgefühl zu stärken.

Was tönt denn da?

Die Kinder sitzen mit geschlossenen Augen und hören zu, wie Sie verschiedene Geräusche und Töne erzeugen. Nach drei Geräuschen machen Sie eine Pause. Wer die Geräusche richtig errät und in der richtigen Reihenfolge nennt (z. B. ein Bleistift klopft auf den Tisch, der Finger pocht an die Wandtafel, eine Schublade wird geschlossen), darf die nächsten drei Geräusche erzeugen.

Lebendes Denkmal

Die Kinder sitzen an ihren Plätzen oder im Kreis. Machen Sie eine Stellung vor, die die Kinder nachmachen sollen, im Sitzen, im Stehen, am Boden kniend usw. Wenn alle soweit sind, geben Sie ein Signal und alle erstarren in der Position, in der sie gerade sind. Wer es am längsten aushält, ohne sich zu bewegen, darf die nächste Stellung vormachen.

B3 Übungen zur Entspannung

Aufmerksamkeit erfordert ein optimales Maß von Spannung: zuviel bedeutet Stress und schadet der Aufmerksamkeit; zuwenig bedeutet Ent-Spannung und reicht nicht aus, um aufmerksam zu sein.

Um das optimale Ausmaß von Spannung zu finden, können Momente der Entspannung helfen. Dafür gibt es eine große Anzahl von Techniken und Übungen. Einige sollen in diesem Kapitel vorgestellt werden.

Hinweise:
- *Wer mehr Anleitung dazu möchte, findet in Buchhandlungen eine große Auswahl von Titeln zur progressiven Muskelrelaxation, teilweise auch mit CD (4).*
- *Mehrere kurze Übungen bewirken mehr als eine lange.*
- *Machen Sie Ihre Schülerinnen und Schüler immer wieder darauf aufmerksam, dass diese Technik in schwierigen Situationen (Prüfungen, Stress) helfen kann.*

Progressive Muskelentspannung

Die progressive Muskelentspannung nach Jacobson ist eine einfach erlernbare Technik, die darin besteht, gezielt durch verschiedene Muskelpartien des Körpers zu gehen, die einzelnen Muskelpartien für kurze Zeit anzuspannen und wieder locker zu lassen. So spüren die meisten Menschen den Unterschied zwischen Entspannung und Anspannung ganz deutlich und lernen, auf ihren Körper zu achten.

Anleitung
- Setz dich bequem hin und schließ die Augen, damit du besser spüren kannst.
- Balle deine Hände zu Fäusten!
- Spüre die Spannung und halte sie eine Weile. Zähle dabei langsam rückwärts von 6 bis 1.
- Dann lass los und spüre die Entspannung.
- Nimm einen tiefen Atemzug und wiederhole alles noch ein paarmal.

Nach drei bis sechs Durchgängen geht es weiter zu den Füßen, den Oberschenkeln, den ganzen Beinen, zu Brust und Rücken. Eigentlich gehört auch das Gesicht dazu. Aber da dies mit wilden Grimassen verbunden ist, muss man sich gut überlegen, ob man solche Übungen im Klassenverband durchführen will oder nicht.

Fantasiereisen

Man weiß aus den Forschungsergebnissen der Neurowissenschaften, dass es dem Gehirn egal ist, ob man sich wirklich entspannt oder nur denkt, man entspanne sich: So oder so wird das Gehirn sich langsam aber sicher entspannen, wenn man an entspannende Dinge denkt.

Fantasiereisen sind gute Gelegenheiten, aufmerksam zu werden, sich zu konzentrieren und locker zu werden. Heute, wo viele Schüler mehr in „geliehenen Welten" (Fernsehen, Video) als in eigenen Welten leben, sind solche Reisen in eigene innere Welten wichtiger denn je.

Vielleicht ist diese Art von Entspannung für die Kinder ungewohnt und ruft anfänglich einige Unruhe hervor. Vielleicht sind Ihre Schüler aber ganz schnell „reisefertig". Übung macht auch hier den Meister.

Vorgehen
Die Kinder setzen sich bequem hin und schließen die Augen. Beginnen Sie dann langsam, mit großen Pausen (damit die Bilder entstehen können) und ruhig, am besten eher monoton, zu erzählen.

Kinder, die die Augen nicht schließen möchten, lassen sich vielleicht überzeugen, wenn Sie ihnen erklären, dass das „innere Kino" besser läuft bei geschlossenen Augen.

(4) siehe S. 114

Diese Fantasiereise kann helfen, **innere Ruhe und Zuversicht** wiederzufinden:

> Setz dich ruhig und entspannt hin, ... schließ die Augen, ... atme in deinem Tempo tief ein und aus. ... Heute machen wir eine Reise zu einem schönen Ort. ... Stell dir vor, du liegst auf einer Wiese. ... Die Sonne scheint dir auf die Haut. ... Es ist herrlich warm. ... Du hörst die Grillen zirpen ... und die Vögel zwitschern. ... Du riechst das frische Gras. ... Du fühlst dich total wohl. ...
> Langsam wird es Zeit, nach Hause zu gehen. Du reckst und streckst dich. Du öffnest – in deinem Tempo – die Augen und kommst frisch und munter wieder bei uns im Zimmer an.
> *(Die Reise kann beliebig ausgeschmückt und ausgedehnt werden.)*

Diese Fantasiereise kann helfen, die früher gewonnene **Kraft aus einem Lernerfolg** nutzbar zu machen für neue schwierige Lernsituationen:

> Setz dich ruhig und entspannt hin, ... schließ die Augen, ... atme in deinem Tempo tief ein und aus. ... Mach eine Reise durch dein Leben ... und suche einen Moment, ... in dem du einen Lernerfolg hattest. ... Vielleicht sah alles zuerst sehr mühsam aus, ... du hast probiert ... und probiert ... und es ganz lang nicht geschafft. ... Plötzlich ging es doch! ... Lass diese Situation in deinem „Kopfkino" entstehen ... und tauch in die Situation ein. ...Schau die Umgebung an, ... höre, was man hören kann ... und spüre das Gefühl, das du damals hattest. ... Genieße den Erfolg, ... koste ihn aus! ... Spüre die Kraft, die darin steckt, und nimm sie mit in dein Leben ... Du kannst sie wieder brauchen, ... wenn das Lernen einmal schwierig ist. ...
> Du reckst und streckst dich. Du öffnest – in deinem Tempo – die Augen und kommst voll Mut und Kraft wieder bei uns im Zimmer an.

Hinweise:

- *In einem größeren Raum können sich die Schüler zum Entspannen auch hinlegen (Turnhalle, Rhythmikraum).*
- *Während der Fantasiereise darf im Hintergrund eine leise, ruhige Musik laufen. Im Fachhandel werden zahlreiche CDs mit Entspannungmusik angeboten.*
- *Achten Sie darauf, dass die Schüler einander nicht in die Quere kommen; sie sollten sich nicht berühren.*
- *Eine Fantasiereise dauert meist nur wenige Minuten und verändert viel in Bezug auf die Aufmerksamkeit. Lieber kurze und dafür mehrere Fantasiereisen durchführen als selten ganz lange.*
- *Ausführliche Anleitungen für Fantasiereisen findet man in Buchhandlungen (5).*

Klopfmassagen

Die folgenden Klopfübungen sind verschiedenen Konzepten entliehen. Es geht um die Bewegung an sich und was diese auslösen kann: „aufwecken", aufmerksam machen und helfen, sich zu konzentrieren.
Am Ende aller Übungen folgt eine Ruhepause, damit man die Wirkung gut spüren kann.

Halsklopfen

Jeder klopft sich einem für ihn angenehmen Druck neben der Wirbelsäule den Hals hinauf und wieder hinunter bis zur Schulter. Geklopft wird mit den Fingern oder Fingerspitzen.

Hinweis: Diese Übung lässt sich auch im Kreis durchführen: Jeder klopft den Hals des „Vordermannes" und wird von dem Partner geklopft, der hinter ihm steht.

Brustbeinklopfen

Diese Übung stammt aus der MET (Meridiane Energie-Technik). Man schließt die Augen und klopft sich mit den Knöcheln der geschlossenen Hand leicht aufs Brustbein. Dies entspannt und aktiviert gleichzeitig.

Hinweis: Das Klopfen darf nur während ca. einer halben Minute durchgeführt werden, sonst wirkt es kontraproduktiv!

Abklopfen der Arme und Beine

Diese Übung stammt aus dem Shiatsu. Man beginnt sich an der Schulter mit der Handfläche locker zu klopfen. Die „Klopfreise" geht dann über die Außenseite des Arms bis zur Hand und über die Innenseite wieder zurück zur Schulter.
Man wiederholt die beschriebene Sequenz dreimal und klopft gerade so stark, dass man sich dabei wohlfühlt.

Hinweis: Man kann auch am Gesäß beginnend dem Bein entlang über die Außenseite nach unten und über die Innenseite nach oben klopfen.

(5) siehe S. 114

Überkreuzbewegungen

Die Idee der Überkreuzbewegungen stammt aus der Kinesiologie. Solche Übungen sollen helfen, die beiden Hirnhemisphären besser miteinander zu vernetzen.

Die Bewegungen lassen sich im Sitzen oder neben dem Stuhl stehend ausführen.

- Linkes Knie und rechte Hand berühren sich, dann das rechte Knie und die linke Hand.
  Noch intensiver wird die Übung, wenn sich der linke Oberschenkel und der rechte Ellbogen berühren und umgekehrt.
- Linkes Bein und rechter Arm werden gestreckt, dann das rechte Bein und der linke Arm.

Die Bewegungen werden während 1–2 Minuten im Gleichtakt durchgeführt.
Mit etwas Fantasie kann man viele eigene Überkreuzbewegungen erfinden.

Die liegende Acht

Dies ist eine bekannte Übung aus der Kinesiologie. Viele Menschen spüren dabei eine wohltuende Entspannung, die auch die Aufmerksamkeit fördert. Die Lernenden sitzen dazu ruhig am Platz, schließen die Augen und malen mit der Nasenspitze eine liegende Acht in die Luft. Man kann die Übung auch mit den Armen machen.

Schüttle dich!

Schüttelbewegungen können helfen, verlorene Aufmerksamkeit wiederzufinden. Dazu stellt man sich am besten mit leicht gebeugten Knien fest auf beide Füße und beginnt einen Arm nach dem andern zu schütteln. Dann wird ein Bein nach dem andern und schließlich der ganze Körper geschüttelt. Dabei sollten möglichst alle Muskeln locker sein (auch Schultern, Kopf und Gesicht).

B4 Spiele zum Zuhören

Bei den folgenden Spielen heißt Aufmerksamsein genau zuhören und sich konzentrieren. Gut aufgepasst ist halb gewonnen!

Gedanken lesen

Bei diesem Spiel werden mindestens drei Spieler gebraucht. Zwei von ihnen denken sich ein Codewort aus, der dritte bzw. die übrigen Mitspielenden müssen dieses Wort herausfinden.

Vorbereitung
Zwei Spieler sind „Hellseher". Sie vereinbaren ein Codewort. Der gesuchte Gegenstand bzw. die gesuchte Person kann anhand dieses Wortes erkannt werden.

Durchführung
Die beiden „Hellseher" behaupten, sie könnten Gedanken lesen. Hellseher 1 hat die Augen verbunden, „Hellseher" 2 zeigt auf einen Gegenstand oder eine Person. Zum Erstaunen des Publikums wird „Hellseher" 1 auf Anhieb herausfinden, auf wen oder was der Mitspieler zeigt.

Und so geht man vor: Die beiden Hellseher wählen einen Gegenstand mit einer bestimmten Eigenschaft („rot") oder eine Person („Florian"). Sobald der „Hellseher" mit den verbundenen Augen das Codewort hört, weiß er, dass sein Partner jetzt den Gegenstand (oder die Person) nennt, auf den er zeigt.

Beispiel 1

Hellseher 2:	„Zeige ich auf die Patricks Uhr?"
Hellseher 1:	„Nein."
Hellseher 2:	„Zeige ich auf das Fenster?"
Hellseher 1:	„Nein."
Hellseher 2:	„Zeige ich auf das rote Etui?"
Hellseher 1:	„Ja!"

Das Codewort ist „rot", der gezeigte Gegenstand war das Etui.

Beispiel 2

Hellseher 2:	„Zeige ich auf Sabines Stuhl?"
Hellseher 1:	„Nein."
Hellseher 2:	„Zeige ich auf Timos Schultasche?"
Hellseher 1:	„Nein."
Hellseher 2:	„Zeige ich auf Florians Rechenbuch?"
Hellseher 1:	„Ja!"

Das Codewort ist „Florian", der gezeigte Gegenstand war sein Rechenbuch.

Auswertung
Der Zuschauer, der den Code als Erster herausfindet, bekommt 2 Punkte und darf zusammen mit einem Mitspieler seiner Wahl neuer „Hellseher" werden.

Hinweis: Am Schluss des Spiels schreiben die Spieler alle gezeigten Objekte und Codewörter auf, an die sie sich erinnern, und gewinnen damit weitere Punkte für ihr Aufmerksamkeitsdiplom.

Asterix mag Suppe

Bei diesem Spiel werden mindestens drei Spieler gebraucht. Zwei von ihnen denken sich einen Code aus, der dritte bzw. die übrigen Mitspieler müssen ihn entziffern.

Vorbereitung
Der Spielleiter wird bestimmt. Er denkt sich einen Code aus. Im Beispiel (siehe unten) unten sind dies Buchstabenverdopplungen in Wörtern, also „ee", „mm" usw. Es kann auch ein anderes Merkmal sein (Anfangs- oder Endbuchstabe, Getränk, sauer).

Durchführung
Die übrigen Spieler stellen Fragen und versuchen, den Code zu knacken.

Beispiel

Spielerin 1:	„Mag Asterix heute seinen Zaubertrank?“
Spielleiter:	„Nein.“
Spielerin 2:	„Mag Asterix Tee?“
Spielleiter:	„Ja.“
Spieler 3:	„Mag Asterix Suppe?“
Spielleiter:	„Ja.“
Spieler 4:	„Mag Asterix Melonen?“
Spielleiter:	„Nein.“
Spielerin 5	„Mag Asterix Zuckerwatte?“
Spielleiter:	„Ja.“

Auswertung
Wer als Erster den Code knackt, bekommt 2 Punkte und wird neuer Spielleiter.

Hinweis: Am Schluss des Spiels schreiben die Spieler alle genannten Speisen und Getränke auf, an die sie sich erinnern, und gewinnen damit weitere Punkte für ihr Aufmerksamkeitsdiplom.

Lauter Fragen!

Reihum werden Fragen gestellt, die erst auf die nächste Frage hin beantwortet werden dürfen. Die Antworten hinken also hinterher. Dieses Spiel ist sehr schwierig.

Vorbereitung
Der Spielleiter legt ein Blatt mit Fragen bereit (B4-1 oder B4-2 bzw. eine eigene Frageliste). Zudem benötigt er einen Chipvorrat zum Belohnen der richtigen Antworten (1 Chip pro Frage). Die Gruppe sitzt im Kreis.

Durchführung
Der Spielleiter stellt die erste Frage auf seiner Liste. Der erste Mitspieler antwortet mit: „Lauter Fragen!“ Dann stellt der Spielleiter dem zweiten Spieler die nächste Frage, auf welche die Antwort zur vorherigen Frage folgen muss.

Beispiel:
„Wie heißt du?“ („Lauter Fragen!“)
„Wie alt bist du?“ („Bea“)
„Wo wohnst du?“ („11 Jahre“)
„Was ist dein Hobby?“ („in Buchendorf“)
„Womit bringt man die Haare in Ordnung? („Radfahren“)
„Wann scheint der Mond?“ („mit dem Kamm“)

Auswertung
Wer richtig antwortet, erhält einen Punkt (Chip). Für die Antwort hat man drei Sekunden Zeit.

Hinweise:
- *Mit den gleichen Fragen kann man mehrmals spielen, da es ja nicht nur um die richtige Antwort, sondern vor allem um den richtigen Zeitpunkt der Antwort geht. Und das erfordert allerhöchste Aufmerksamkeit!*
- *Erstellen Sie selber oder gemeinsam mit der Gruppe weitere Fragelisten, z. B. zu bestimmten Wissensgebieten.*

B4-1 Mein Name: .... Datum: ....

Lauter Fragen 1

- Wie heißt du? (Lauter Fragen!)
- Wie alt bist du? (Name)
- Wo wohnst du? (Jahre)
- Was ist dein Hobby (...)
- Womit bringt man die Haare in Ordnung? (...)
- Wann scheint der Mond? (mit dem Kamm)
- Wozu braucht man eine Uhr? (in der Nacht?)
- Wo geht die Sonne auf? (um die Zeit abzulesen)
- Welche Tiere haben zwei Beine (im Osten)
- Wo arbeitet der Schuster? (die Vögel)
- Welches Tier ist groß grau und schwer (in der Werkstatt)
- Welches Tier kann am schnellsten laufen? (der Elefant)
- Wohin fließen die Flüsse? (der Gepard)
- Was macht der Bäcker? (ins Meer)
- Welche Tiere legen Eier? (Brot backen)
- Welches ist dein Lieblingstier? (Vögel, Fische, Reptilien)
- Welcher Vogel legt die größten Eier? (Hund, Katze ...)
- Wie heißt die Hauptstadt von Italien? (der Strauß)
- Was tut man mit einem Messer? (Rom)
- Was trägt man, wenn man schlecht sieht? (schneiden)
- Womit isst man Suppe? (eine Brille)
- Zu wem geht man mit Zahnschmerzen? (mit dem Löffel)
- Womit öffnet man einen Brief? (zum Zahnarzt
- Welcher Gegenstand zeigt die Zeit an? (mit dem Brieföffner)
- Wann isst man das Frühstück? (die Uhr)

B4-2 Mein Name: .... Datum: ....

Lauter Fragen 2

- Wer bringt Briefe und Päckchen? (Lauter Fragen!)
- Wer backt Brot? (der Postbote)
- Wer löscht, wenn es brennt? (der Bäcker)
- Wer erscheint um Mitternacht? (die Feuerwehr)
- Was kommt vor dem Sommer? (die Gespenster)
- In welchem Monat ist Weihnachten? (der Frühling)
- Welcher Monat kommt vor dem Mai? (im Dezember)
- Was fliegt und ist kein Vogel? (April)
- Welche Blumen wachsen im Rosengarten? (das Flugzeug, der Ballon ...)
- Wie heißt der Rand eines Flusses? (Rosen)
- Wer fängt Einbrecher? (Ufer)
- Wie heißt der „Chef" im Flugzeug? (die Polizei)
- Welches Tier schnurrt? (Pilot)
- Welches ist das Heimatland der Pizza? (die Katze)
- Welches Tier trägt sein Haus mit sich herum? (Italien)
- Welches Gemüse ist rot? (Schnecke)
- Wo steht der Eiffelturm? (die Tomaten)
- Womit bezahlen wir? (in Paris)
- Was kommt aus der Dusche? (mit Geld)
- Was ist das Gegenteil von „dick"? (Wasser)
- Was fährt auf zwei Rädern? (dünn)
- Wie nennt man bewegte Luft in der Natur? (Fahrrad, Motorrad ...)
- Wo wohnt die Hexe? (Wind)
- Was trägt man auf dem Kopf? (im Hexenhaus)
- Womit kann man zum Mond fliegen? (den Hut)

B5 Spiele mit Wörtern

Mit Wörtern kann man spielen und dabei Aufmerksamkeit und Sprachkompetenz entwickeln. Motivieren Sie Ihre Schülerinnen und Schüler, diese Spiele auch zu Hause auszuprobieren!

> *Erklärungen für die Lernenden*
> Spielt auch zu Hause mit Wörtern. Sucht euch Mitspieler. Väter und Mütter können das so gut wie Geschwister. Natürlich geht es mit ganz kleinen Geschwistern nicht. Dafür kann man die Wörterspiele in verschiedenen Sprachen spielen – außer Chinesisch geht wohl alles! Viel Spaß, und vergesst nicht aufzuschreiben, wann und mit wem ihr gespielt habt und wie das Spiel ausgegangen ist!

Übernehmen Sie die Rolle des Spielleiters bzw. der Spielleiterin, bis die Kinder das Spiel kennen. Später können Sie auch ältere Kinder bzw. Jugendliche als Spielleiter einsetzen.

Für schlaue Denker

Vorbereitung
Der Spielleiter wird bestimmt. Er denkt sich ein Wort mit 4 Buchstaben aus und schreibt es auf. Die Mitspieler sollen das Wort erraten. Jeder erhält das Blatt B5-1 zum Eintragen der Lösung.

Durchführung
Die Spieler erfragen die Buchstaben, aus denen das Lösungswort zusammengesetzt ist, indem sie Wörter mit der entsprechenden Anzahl Buchstaben nennen. Geben Sie bekannt, welche Buchstaben des genannten Wortes im Lösungswort vorkommen und an welcher Stelle sie stehen. Weil es hier nicht nur um das Erraten der Wörter, sondern um die Aufmerksamkeit geht, werden die Angaben nur mündlich gemacht. Die Mitspielenden passen gut auf und notieren sich die Hinweise auf dem Arbeitsblatt.

Auswertung
Wer das Wort zuerst errät, bekommt 2 Punkte.

Beispiel zum Wort „Maus"

Spielleiter: Mein Wort hat vier Buchstaben.
Spieler 1: Heißt das Wort „Nase"?
Spielleiter: Nein, aber ein a kommt drin vor. Das a steht sogar an der richtigen Stelle
(die Spieler notieren sich das a an zweiter Stelle auf ihrem Lösungsblatt)
Spieler 3: Heißt das Wort „Park"?
Spielleiter: Nein. Außer dem a kommt keiner der Buchstaben in meinem Wort vor.
(die Spieler streichen die Buchstaben p, r und k in der ABC-Liste durch)
Spieler 4: Heißt das Wort „Saal"?
Spielleiter: Nein, aber ein s kommt vor. Es ist der letzte Buchstabe.
(die Spieler tragen den Buchstaben an der richtigen Position ein)
So geht es weiter, bis das Wort erraten wird.

Hinweis: Wer mit längeren Wörtern spielen will, benutzt die Blätter B5-2 bis B5-4 für Wörter mit 5, 6 und 7 Buchstaben.

Feder auf dem Hut

Ein altes und immer wieder spannendes Spiel für zwei oder mehr Spieler. Ziel des Spiels ist es, herauszufinden, welches Wort sich der Spielleiter gedacht hat – und zwar ehe das Strichmännchen die Feder auf dem Hut erhalten hat!

Vorbereitung
Der Spielleiter wird bestimmt. Er denkt sich ein langes Wort (mindestens 12 Buchstaben) und malt für jeden gesuchten Buchstaben einen Punkt auf das „Spielfeld" (Folie für Hellraumprojektor, großes Blatt). Der erste Buchstabe (im nachfolgenden Beispiel „S") wird eingetragen. Neben dem Wort muss Platz genug sein für das Strichmännchen mit der Feder auf dem Hut.

Durchführung

Spieler 1 nennt einen Buchstaben. Der Spielleiter trägt ihn an der richtigen Stelle ein bzw. überall, wo er vorkommt. Spieler 1 darf so lange fragen, bis er einen Buchstaben nennt, der nicht im gesuchten Wort vorkommt. Dann ist Spieler 2 an der Reihe. Beim ersten Buchstaben, der fälschlicherweise genannt wird, zeichnet der Spielleiter den Kopf des Strichmännchens neben das Wort, bei jedem weiteren „unbrauchbaren“ Buchstaben wächst das Strichmännchen um ein Element:

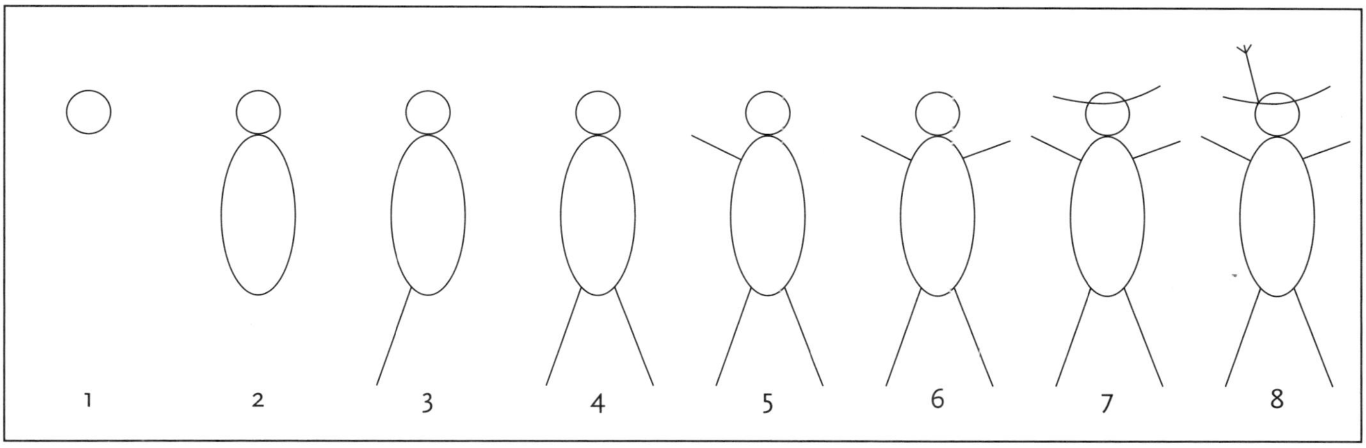

Beispiel

Das gedachte Wort ist „Sommerferien“. Es hat zwölf Buchstaben. Auf dem Spielfeld steht

S _ _ _ _ _ _ _ _ _ _ _

Spieler 1: „Hat das Wort ein e?

Spielleiter: „Ja, sogar drei! Und zwar hier, hier und hier!“

S _ _ _ e _ _ e _ _ _ e _

Spieler 2: „Hat das Wort ein t?

Spielleiter: „Nein.“ (Der Kopf des Männchens wird gezeichnet.)

So wird weiter gefragt, bis das Wort gefunden ist oder das Strichmännchen die Feder auf dem Hut hat.

Auswertung

Wenn das Wort nicht gefunden wurde, bis das Männchen die Feder auf dem Hut hat, ist der Spielleiter Sieger, sonst hat der Spieler gewonnen, der das Wort gefunden hat. Er wird mit 5 Punkten belohnt.

Schmuggelgut

Schmuggler sind unterwegs. Sie haben in ihren Sack ein Wort geschmuggelt, das nicht zu den andern Wörtern passt und das es zu finden gilt.

Vorbereitung

Der Spielleiter bereitet das Arbeitsblatt B5-5 oder eine eigene „Schmuggelgutliste“ vor. Die Spieler halten Papier und Bleistift bereit.

Wer mit französischen Wörtern üben will, benutzt das Blatt B5-6, für englische Wörter das Blatt B5-7.

Auf der zweiten Blatthälfte ist jeweils Platz für eigene Aufgaben.

Durchführung

Der Spielleiter liest Zeile für Zeile der „Schmuggelgutliste“ langsam und deutlich vor. Die Mitspieler sollen genügend Zeit zum Nachdenken haben.

Wer das „Schmuggelgut“ entdeckt hat, schreibt das betreffende Wort auf.

Auswertung

Am Schluss wird jedem Spieler pro gefundenes Schmuggelgut 1 Punkt gutgeschrieben.

Hinweise:

- *Geben sie den Kindern die Blätter B5-5 bis B5-8 mit nach Hause, um das Spiel mit den Eltern oder Geschwistern zu spielen. Ergänzende Aufgaben und die Lösungen können die Kinder vorher in der Schule eintragen.*
- *Eigene „Schmuggellisten“ trainieren die Sprachkompetenz, insbesondere die Fähigkeit, Oberbegriffe und Unterbegriffe einander richtig zuzuordnen.*
- *Ältere Kinder und Jugendliche können in Fremdsprachen spielen und auch entsprechende eigene Schmuggelgutlisten zusammenstellen.*

– *Die Blätter B5-5 bis B5-7 können auch schriftlich bearbeitet werden: Die Kinder schreiben die „Schmuggelwörter“ in das leere Feld neben jeder Zeile. Dabei geht dann eher um Sprachkompetenz als um Aufmerksamkeit.*

Lösungen zu den Arbeitsblättern B5-5 bis B5-7

Schmuggelgut gesucht! 1:
Ball, flüstern, Zwiebeln, Hase, Regen, Eisenbahn, Giraffe, Milch

Schmuggelgut gesucht! 2:
la maison, le crayon, rêver, l'automobile, le père, le train, le soleil, le livre

Schmuggelgut gesucht! 3:
book, summer, pullover, to eat, wind, water, goat, potatoe

Wo ist der Sohn?

„Ben“ bedeutet auf Arabisch „Sohn“. Wo steckt Ben?

Durchführung
Die Spieler notieren in Einzelarbeit oder zu zweit innerhalb von z. B. 5 Minuten möglichst viele Wörter, in denen die Buchstabenkombination „ben“ steckt.

Beispiele
Abend, Bienenwaben, Raben, sieben, lieben, Trauben, oben, loben, Benzin, Benedikt, Rüben, ebenso, lebendig, Abenteuer, zerstoben, Farben, Stubenfenster ...

Auswertung
Jedes gefundene Wort zählt 1 Punkt.

Hinweis: Statt „ben“ können Wörter mit beliebigen anderen Buchstabengruppen gesucht werden.

Was essen wir heute?

Vorbereitung
Die Klasse bestimmt einen Spielleiter und einen Schreiber.
Der Schreiber erhält das Protokollblatt B5-8 und trägt darauf die Namen der Mitspieler ein.

Durchführung
Der Spielleiter stellt die Frage „Was essen wir am Montag?“ Natürlich lauter Dinge, die mit M beginnen! Die Mitspieler rufen dem Spielleiter Namen von Lebensmitteln und Gerichten mit dem Anfangsbuchstaben „M“ zu. Der Schreiber führt das Punkteprotokoll: Jeder richtige Begriff gibt 10 Punkte. Wer ein Wort ruft, das schon genannt wurde, verliert 5 Punkte.

Beispiele zur Frage „Was essen wir am Montag?“
Magenbrot, Marmelade, Maiskolben, Mozarella, Magerquark, Milchreis, Meringues, Melonen, Müsli, Mandeltorte, Muffins, Makronen, Milchschokolade ...

Auswertung
Am Schluss werden die Punktzahlen werden berechnet und auf den Sammelbogen übertragen.

Wörterdomino

Gesucht sind Wörter, die mit dem Endbuchstaben des vorhergehenden Wortes beginnen.

Vorbereitung
Die Klasse sitzt im Kreis.

Durchführung
Spieler 1 beginnt mit einem Wort, der Spieler 2 nennt ein Wort, das mit dem Endbuchstaben des ersten anfängt, z. B.: Bahnhof – **F**eder – **R**ad – **D**ach – **Ch**ina – **A**ffe usw.
Findet jemand innerhalb von fünf Sekunden kein Wort, ist der Nächste an der Reihe. Die Spielrunde ist zu Ende, wenn die Gruppe in eine Sackgasse geraten ist, d. h., wenn niemand mehr fortfahren kann. Dann beginnt man mit einem neuen Wort eine neue Runde. Je nach Tempo und sprachlicher Gewandtheit muss die Zeit der Gruppe angepasst werden.

Variante:
– *Man kann auch mit zusammengesetzten Wörtern spielen und ein Wort suchen, das mit dem zweiten Bestandteil des vorher genannten Wortes beginnt: Haustür – Türschloss – Schlosspark – Parkbank – Banknote – Notenschlüssel usw.*

Was tust du mit …?

Dieses Spiel spielt man am besten zu zweit. Gefragt sind Aufmerksamkeit, Wortschatz und Fantasie.

Vorbereitung
Jeder Spieler schreibt 7 Fragen auf nach dem Muster „Was tust du mit dem Regenschirm?". Die Fragelisten können für weitere Spiele untereinander ausgetauscht werden.
Spieler 1 stellt seine Fragen, die Spieler 2 so beantworten muss, dass die Antwort mit demselben Buchstaben beginnt, wie das Nomen in der Frage. Unsinnige Antworten sind erlaubt und machen Spaß!

Beispiel
„Was tust du mit dem **R**egenschirm?" „**r**und ums Schulhaus rennen"
„Was tust du mit dem **H**ammer?" „**H**olz spalten"
„Was tust du mit dem **S**eil?" „**S**ocken stricken"
„Was tust du mit der **G**abel?" „**G**emüse essen"
„Was tust du mit einer **B**anane?" „**b**ald essen"
„Was tust du mit einem **G**ummiband?" „**G**rasbüschel zusammenbinden"

Auswertung
Für jede schnell gefundene richtige Lösung (der Anfangsbuchstabe muss stimmen) gibt es 1 Punkt.

Hinweise:
- *Die Fragen können auch abwechselnd gestellt werden.*
- *Schwieriger wird es, wenn man mit denselben Fragen mehrere Runden spielt!*

Gut gesucht ist halb gewonnen!

In einem langen Wort sind viele kurze Wörter versteckt. Diese sollen gefunden werden. Wer am meisten findet, gewinnt das Spiel.

Vorbereitung
Ein Spielleiter wird bestimmt. Die Mitspieler halten Bleistift und Papier bereit.

Durchführung
Der Spielleiter denkt sich ein langes Wort aus. Die Mitspieler schreiben das Wort in Blockschrift auf und suchen während einer Minute darin versteckte kürzere Wörter.

Auswertung
Jedes gefundene Wort gibt 1 Punkt.

Beispiel „Tramhaltestelle"
Tram, am, halt, halte, Haltestelle, alt, Test, stell, Stelle.

Hinweise: Die Kinder sollen auf Groß- und Kleinschreibung achten. Auch das sind Aufmerksamkeitsleistungen!

Wer findet den Oberbegriff?

Bei diesem Spiel sollen Oberbegriffe gefunden werden.

Vorbereitung
Der Spielleiter wird bestimmt. Die Mitspieler stehen oder sitzen im Kreis.

Durchführung
Der Spielleiter stellt sich in die Mitte und zählt Begriffe auf, die zu einem gemeinsamen Oberbegriff gehören, z. B.:

Bett, Stuhl, Schrank, Tisch … (Möbel)
Biskuit, Semmel, Brot, Brezel … (Gebäck)
Milch, Limonade, Kakao, Kaffee … (Getränke)

Beim letzten Beispiel kann der Spielleiter das Spiel erschweren, indem er „Getränke" nicht akzeptiert und weiterfährt mit „Essig, Öl, …". Gesucht wird in dem Fall „Flüssigkeiten". Diese Variante ist anspruchsvoller und macht besonders älteren Kindern und Jugendlichen Spaß.

B5-1 Mein Name: .... Mitspieler/in: ________ Datum: ______

Für schlaue Denker – Wörter mit 4 Buchstaben

gespielt am: .... mit: ....

a b c d e f g h i j k l m
n o p q r s t u v w x y z

Lösungswort: _ _ _ _

Diese Buchstaben kommen auch vor:

gespielt am: .... mit: ....

a b c d e f g h i j k l m
n o p q r s t u v w x y z

Lösungswort: _ _ _ _

Diese Buchstaben kommen auch vor:

gespielt am: .... mit: ....

a b c d e f g h i j k l m
n o p q r s t u v w x y z

Lösungswort: _ _ _ _

Diese Buchstaben kommen auch vor:

B5-2 Mein Name: .... Mitspieler/in: ________ Datum: ______

Für schlaue Denker – Wörter mit 5 Buchstaben

gespielt am: .... mit: ....

a b c d e f g h i j k l m
n o p q r s t u v w x y z

Lösungswort: _ _ _ _ _

Diese Buchstaben kommen auch vor:

gespielt am: .... mit: ....

a b c d e f g h i j k l m
n o p q r s t u v w x y z

Lösungswort: _ _ _ _ _

Diese Buchstaben kommen auch vor:

gespielt am: .... mit: ....

a b c d e f g h i j k l m
n o p q r s t u v w x y z

Lösungswort: _ _ _ _ _

Diese Buchstaben kommen auch vor:

B5-3 Mein Name: .... Mitspieler/in: ________ Datum: ______

Für schlaue Denker – Wörter mit 6 Buchstaben

gespielt am: .... mit: ....

a b c d e f g h i j k l m
n o p q r s t u v w x y z

Lösungswort: _ _ _ _ _ _

Diese Buchstaben kommen auch vor:

gespielt am: .... mit: ....

a b c d e f g h i j k l m
n o p q r s t u v w x y z

Lösungswort: _ _ _ _ _ _

Diese Buchstaben kommen auch vor:

gespielt am: .... mit: ....

a b c d e f g h i j k l m
n o p q r s t u v w x y z

Lösungswort: _ _ _ _ _ _

Diese Buchstaben kommen auch vor:

B5-4 Mein Name: .... Mitspieler/in: ________ Datum: ______

Für superschlaue Denker – Wörter mit 7 Buchstaben

gespielt am: .... mit: ....

a b c d e f g h i j k l m
n o p q r s t u v w x y z

Lösungswort: _ _ _ _ _ _ _

Diese Buchstaben kommen auch vor:

gespielt am: .... mit: ....

a b c d e f g h i j k l m
n o p q r s t u v w x y z

Lösungswort: _ _ _ _ _ _ _

Diese Buchstaben kommen auch vor:

gespielt am: .... mit: ....

a b c d e f g h i j k l m
n o p q r s t u v w x y z

Lösungswort: _ _ _ _ _ _ _

Diese Buchstaben kommen auch vor:

B5-5 Mein Name: .... Mitspieler/in: .... Datum: ....

Schmuggelgut gesucht! 1

	Mütze – Hose – Hemd – Schuh – Ball – Jacke – Pullover
	laufen – spazieren – gehen – flüstern – schleichen – klettern – hüpfen
	Rosen – Tulpen – Zwiebeln – Nelken – Veilchen – Dahlien – Schneeglöckchen
	Amsel – Buchfink – Meise – Hase – Lerche – Star – Specht
	Hürdenlauf – Basketball – Regen – Eislauf – Handball – Skifahren – Tennis
	Lastwagen – Sportwagen – Eisenbahn – Bus – Mofa – Kleinwagen – Fahrrad
	Huhn – Ziege – Kuh – Schwein – Giraffe – Ente – Gans
	Käse – Butter – Eier – Salami – Milch –Schokolade – Brot – Kuchen

Hier ist Platz für eigene Aufgaben:

B5-6 Mein Name: .... Mitspieler/in: .... Datum: ....

Schmuggelgut gesucht! 2

	la dame – l'acteur – le directeur – la maison – le médecin – l'artiste – la voisine
	le tabouret – la table – la chaise – le crayon – l'armoire – le lit – le fauteuil
	retourner – aller – arriver – partir – rêver – sortir – entrer
	la mer – la plage – le sable – la montagne – l'île – l'automobile – la forêt
	le matin – la nuit – le midi – le père – l'après-midi – le soir – le jour
	le couteau – la fourchette – le train – la cuillère – le verre – la tasse – l'assiette
	la poule – la chèvre – la vache – le soleil – le chat – le chien – l'oiseau
	la salade – le beurre – la pomme – le citron – le lait – le livre – le pain – l'orange

La suite – c'est ton tour!

B5-7 Mein Name: .... Mitspieler/in: .... Datum: ....

Schmuggelgut gesucht! 3

	car – bus – plane – bike - book – train – truck
	goat – cow – summer – duck – pig – horse – tiger
	cheese – pullover – eggs – milk – butter – bread – cake
	to come – to go – to eat – to arrive – to leave – to enter – to run
	morning – night – noon – wind – evening – afternoon – day
	trousers – socks – shirt – pullover – skirt – shoes – water
	tiger – goat – elefant – buffalo – lion – panther – crocodile
	apple – ananas – strawberry – potatoe – pear – lemon – orange

Now its your turn!

B5-8 Mein Name: .... Mitspieler/in: .... Datum: ....

Was essen wir heute? – Protokollblatt

Spalte 2: Für jedes richtige Wort wird ein Strich eingetragen.
Spalte 3: Falsche Wörter werden ebenfalls mit einem Strich notiert.
Jeder Strich in Spalte 2 zählt 10 Punkte, die Striche in Spalte 3 zählen je 5 Minuspunkte.
Spalte 4: Die Gesamtpunkte werden berechnet und anschließend auf den Sammelbogen übertragen.

Name	Punkte	Strafpunkte	Gesamtpunktzahl

B6 Spiele mit Witzen

Witze sind nichts anderes als kürzeste Geschichten. Sie sind ein hervorragendes Mittel, um Aufmerksamkeit herzustellen, sie wieder zu finden oder aufzubauen.

Wenn Kinder bei Witzen nicht lachen, kann das damit zusammenhängen, dass die für Witze wichtigen Hirnzentren noch nicht ausreichend entwickelt sind. Es könnte aber auch auf ein ADS hinweisen: Wenn man nicht aufmerksam genug ist, kann man viele Witze nicht verstehen, denn die Pointe steckt oft in kleinen Details!

Sie selbst sind kein Witzfreak? Dann ist es höchste Zeit einer zu werden. Mindestens ein guter Witzkonsument sollten Sie werden. Wenn Sie fleißig trainieren (Witze hören und weitererzählen), können Sie rasch weiterkommen. Denn vergessen Sie nicht: Aufmerksamkeit, Lernen und Gedächtnis kommen ohne positive Gefühle nicht aus und Witze können positive Gefühle herbeizaubern!

Hinweise:
- *Animieren Sie die Lernenden, selbst Witze zu erfinden. Das ist gar nicht so schwierig, wenn man gute Witze nimmt und einzelne Elemente verändert.*
- *Sammeln Sie Witze. Ausgedruckt können sie ganz toller Lesestoff sein für Freiarbeit, Werkstatt oder Stillarbeit.*
- *Witze eignen sich gut für das Lesetraining. Ungeübte Leser sind froh, wenn sie wenig lesen müssen – und das ist bei den meisten Witzen der Fall. Zudem lässt sich schnell feststellen, ob der gelesene Text verstanden wurde.*
- *Witze sind ein ausgezeichnetes Mittel für soziale Kontakte. Sie ermöglichen die Kontaktaufnahme zu andern Menschen und fördern das Gemeinschaftsgefühl (gemeinsames Lachen). Sie sind gewissermaßen eine soziale Währung.*

Spiele mit Witzen

In Gemeinschaftsarbeit entsteht ein Witzbuch: Die Blätter B6-1 bis B6-4 werden gelocht in einem Ordner abgelegt. Die Kinder sammeln – z. B. als Hausaufgabe – Witze aus Zeitschriften, schreiben sie ab oder schneiden sie aus und kleben sie auf. Mit den so entstandenen Blättern wird der Ordner laufend ergänzt.

Mit Witzen lassen sich viele heitere Spiele spielen und dabei Aufmerksamkeitspunkte gewinnen.

- ▹ Jedes Kind lernt einen Witz auswendig und trägt ihn der Gruppe vor. Für jeden gut erzählten Witz werden 2 Punkte gutgeschrieben.
  Erweiterung: Die Gruppe hört sich alle Witze an und wählt den besten als „Witz des Tages". Der Erzähler bekommt 3 Extrapunkte.
- ▹ Ein Kind liest einen kurzen Witz im Zeitlupentempo vor, die andern Kinder zählen die Wörter (oder Sätze, aber auch Nomen, Adjektive, Artikel usw.). Wer richtig zählt, gewinnt 1 Punkt.
- ▹ Die Gruppe sitzt im Kreis. Reihum erzählt jedes Kind einen Witz. Anschließend macht jedes Kind eine Zeichnung zu einem der gehörten Witze. Die andern Kinder sollen herausfinden, zu welchen Witzen die Zeichnungen passen. Wer ein Bild erkennt, erzählt den zugehörigen Witz. Sowohl dem Erzähler wie auch dem Zeichner werden dafür 2 Punkte gutgeschrieben.

B6-1 Mein Name: .... Datum: ....

Lachen ist gesund 1

Vertrag verlängert
Der Fußballer-Papa fragt seinen Sohn: „Na, mein Junge, wie ist denn dein Zeugnis diesmal ausgefallen?" –„Nicht schlecht, Papi", antwortet dieser, „alle andern müssen die Liga wechseln. Nur mein Vertrag wurde verlängert."

Eine schwierige Frage
Lehrer Meier fragt Klaus ab: „Klaus, wie heißt denn das Gerät, mit dem man die Sterne beobachtet?" – „Teleskop!", antwortet dieser. –„ Und mit welchem Gerät kann man winzige Dinge beobachten?" – „ Mit dem Mikroskop." – „Gut. Und womit schaut ein U-Boot über Wasser?" – „Mit dem Periskop!", antwortet Klaus schwitzend und hofft, dass die Abfrage beendet sei. „Stimmt auch!", sagt der Lehrer anerkennend, „und womit kann man durch Mauern sehen?" Klaus zögert, erschrickt, errötet: Er kennt die Antwort nicht. „Fenster, mein Junge, Fenster!", meint da der Lehrer.

Glückwunsch!
Ein freundlicher Polizist hält das Auto von Familie Weber an. Herr Weber öffnet das Fenster und der Polizist sagt: „Herzlichen Glückwunsch! Als einhunderttausendster Fahrer, der diese Brücke überquert, bekommen Sie 1000 Euro. Was möchten Sie denn mit diesem Geld anfangen?" – „Ich glaube, ich mache endlich mal den Führerschein", antwortet dieser. Darauf ruft seine Frau ganz entsetzt: „Hören Sie nicht auf ihn, er ist ja total betrunken!" Der hörbehinderte Opa auf dem Rücksitz schimpft: „Ich ahnte doch, dass wir mit dem gestohlenen Auto nicht weit kommen!" Schließlich tönt eine dumpfe Stimme aus dem Kofferraum: „Kinder, sind wir denn schon hinter der Grenze?"

So war es nicht gemeint!
Der Gehilfe des Bäckers steht hinter der Backstube im Garten. Er wirft Teig auf einen Baum. Der Bäcker beobachtet ihn eine Weile. Dann geht er hinaus und fragt: „Was machst denn du da?" – „Blätterteig", antwortet der Gehilfe.

Zu wörtlich genommen
Hanna kommt zu spät zur Schule. „Warum kommst du denn schon wieder zu spät?", fragt die Lehrerin ärgerlich. „Im Lift in unserem Haus stand: ‚Nur für vier Personen'. Es hat ewig gedauert, bis drei andere gekommen sind!"

Ein Meisterdetektiv
Herr Widmer kommt zum Parkplatz, auf dem er sein Auto parkiert hatte: Der Platz ist leer. In der Ferne sieht er, wie sein Auto davonfährt. „Mist – gestohlen!", denkt er und ruft die Polizei. „Hallo, bitte kommen Sie rasch an die Bäckerstraße! Eben wurde mir hier das Auto gestohlen!" Der Polizist will wissen: „Konnten Sie den Dieb erkennen?" – „Leider nein. Aber ich habe mir die Autonummer gemerkt!"

Notvorrat
Pit und Klara kochen sich Tee. Als die Tassen voll sind, haben sie noch heißes Wasser übrig. „Was machen wir denn nun damit?", fragt Pit. „Ach, frieren wir es doch ein!", antwortet Klara, „heißes Wasser kann man immer brauchen!"

Ein Wunsch frei!
Ein älteres Ehepaar um die Fünfzig geht spazieren. Der Mann stützt seine Frau, denn sie hat den Knöchel verstaucht und geht am Stock. Da begegnet ihnen mitten im Wald eine wunderschöne Fee. Die sagt: „Guter Mann, du schaust so gut zu deiner Frau. Darum sollst du einen Wunsch frei haben. Was wünschst du dir?" Der Mann denkt eine Weile nach und meint dann: „Eigentlich habe ich ja alles, was ich mir im Leben wünschen konnte ... aber ... wenn meine Frau 30 Jahre jünger wäre als ich, das wäre schon schön!" – „Dein Wunsch soll in Erfüllung gehen!", haucht die Fee und schwupp – ist der Mann 80 Jahre alt.

Schlagfertig
„Na, beißen die Fische heute?", fragt die Spaziergängerin den Fischer. „Nein", antwortet der, „Sie können sie ruhig streicheln!"

B6-2 Mein Name: .... Datum: ....

Lachen ist gesund 2

Gefahr im Verzug
Der Schneckenvater mahnt seine Kinder: „Halt! Nicht mehr über die Straße laufen! In drei Stunden kommt ein Bus!"

Ameisenbär
Es treffen sich zwei Tiere. Das eine fragt: „Wer bist du denn?" – „Ich bin ein Wolfshund: Meine Mutter ist Hund und mein Vater ein Wolf", antwortet es, „und wer bist du?" – „Ich bin ein Ameisenbär!"

Zukunftspläne
„Wie alt bis du eigentlich, Marc?" fragt Herr Muster den kleinen Nachbarjungen. „Sechs bin ich!", antwortet der. „Und was möchtest du einmal werden?", fragt er weiter. „Sieben!", antwortet der Kleine.

Im Restaurant
Der Gast ruft den Ober: „Herr Ober, bitte bringen Sie mir die Karte. Ich möchte etwas essen. Ich habe Hunger wie ein Wolf!" – „Tut mir leid!", antwortet dieser, „Großmütter haben wir nicht auf der Karte!"

So viel Stauraum
Eine reizende ältere Dame macht ihre erste Seereise. Am zweiten Tag erkundigt sich der Steward, ob sie zufrieden sei. Die alte Dame strahlt ihn an und sagt: „Es ist alles wunderbar!", und zeigt auf das Bullauge. „Besonders der Wandschrank ist fantastisch: Was da alles reingeht!"

Gipfelstürmer
Treffen sich zwei Bergsteiger. Sagt der eine: „Grüß Gott!" Darauf der andere „Nein, so hoch steige ich nicht!"

Beim Coiffeur
Ein Schäferhund sitzt neben Herrn Hubers Stuhl. Er hechelt die ganze Zeit. Besorgt wendet sich Herr Huber an den Coiffeur: „Warum hechelt denn der Hund die ganze Zeit? Fehlt ihm etwas?" – „ Nein, nein!", antwortet dieser, „er freut sich. Manchmal fällt für ihn ein Ohr ab."

Der Tiger im Tank
Ein Porschefahrer fährt nach dem Tanken mit 50 Stundenkilometern durch die Stadt. Plötzlich sieht er einen Motorradfahrer neben sich. Am Ortsende geht der Porschefahrer aufs Gas und beschleunigt auf 100 ... 150 ... Stundenkilometer. Der Motorradfahrer fährt weiter neben ihm. Da lässt der Porschefahrer seine Scheibe herunter und ruft: „Na, Junge, auch den Tiger im Tank?" – „Nein!", ruft dieser zurück, „aber die Jacke in der Tür eingeklemmt!"

Keine Gefahr für die Gesundheit
Peter beobachtet seine kleine Schwester Barbara. Sie versucht aus einer Pfütze zu trinken. „He Barbara, lass das. Das darfst du nicht tun. Im Wasser sind viele Bakterien. Davon kann man krank werden." Darauf antwortet Barbara: „Die Bakterien sind alle tot. Ich bin vorher mit dem Roller durch die Pfütze gefahren!"

Gewichtige Entschuldigung
Ein Zoowärter ist verletzt. Er hat Fuß und Schulter gebrochen. „Was ist denn passiert?", fragt der Notfallarzt. „Das Nilpferd ist mir auf den Fuß getreten!" – „Und warum haben Sie denn die Schulter gebrochen?", will der Arzt wissen. „Das Tier hat mir zur Entschuldigung auf die Schulter geklopft!"

Begegnung zweier Profis
Zwei Wahrsager treffen sich: „Hallo!", sagt der eine, „ Dir geht es gut! Wie geht es mir?"

Maus und Elefant
Maus und Elefant wollen zusammen ins Theater gehen. An der Kasse hängt ein Schild: „Programm 3 Euro!" Der Elefant macht rechtsumkehrt und schimpft: „Los gehen wir wieder! Das ist mir echt zu teuer: Pro Gramm 3 Euro!"

B6-3 Mein Name: .... Datum: ....

Lachen ist gesund 3

Abgeschrieben?
Tobias und Jürgen sind auf dem Heimweg. Sie haben eben eine Aufsatzstunde hinter sich gebracht. Tobias seufzt: „Mann Jürgen, heute ist mir zum Aufsatzthema überhaupt nichts eingefallen! Ich musste ein leeres Blatt abgeben." – „Das ging mir genau so!", klagt Jürgen, „hoffentlich denkt nun die Lehrerin nicht, ich hätte bei dir abgeschrieben!"

Schlaumeier
Es ist dreißig Grad. Mindestens. Patrizia, Sandra und Valerie sitzen im Café. Sie haben eben einen herrlich kühlen Eistee getrunken. Nun geht es ans Zahlen.
„Wir teilen einfach den Betrag durch drei!", schlägt Patrizia vor.
„Ich habe eine bessere Idee", ruft Sandra „Wir werfen eine Münze. Zeigt sie Kopf, zahlt Valerie. Zeigt sie Zahl, ist Sandra dran. Steht sie auf der Kante, dann zahle ich ..."

Blindgänger
Sandra hat von Melanie Feuerwerk bekommen. Er dankt ihr, geht nach Hause und versucht, es zu zünden. Aber nichts tut sich. Er probiert es ein zweites Mal: Immer noch nichts. Da reißt sein Geduldsfaden. Er fährt mit dem Fahrrad zu Melanie und beschwert sich: „Hör mal Melanie, diese Raketen funktionieren ja überhaupt nicht – keine einzige ist losgegangen!" – „Das verstehe ich nicht!", entgegnet Melanie „Als ich sie ausprobierte, gingen sie noch!"

Spukschloss
Familie Zimmermann hat Ferien auf einer mittelalterlichen Burg gebucht. Es soll alles ganz alt und düster sein. Je näher die Ferien rücken, desto mehr bekommt Tina es mit der Angst zu tun. So ruft sie die Inhaberin der Burg eines Abends an und fragt: „Sagen Sie mal, Frau Drak, gibt es bei Ihnen denn Gespenster?" Die Frau lacht: „Aber nein! Ich lebe schon über 400 Jahre hier und habe noch keines gesehen!"

Schwerwiegende Post
Matthias will einen Brief aufgeben. Er klebt zu Hause eine Marke darauf und bringt ihn zur Post. Die Frau am Schalter nimmt ihn entgegen und legt ihn auf die Waage: „Der Brief ist zu schwer. Da muss noch eine Marke drauf!" Matthias antwortet ganz verdutzt: „Und glauben Sie wirklich, dass er dadurch leichter wird?"

Die heilige Familie heute
Jan ist im Wohnzimmer und spielt mit den Weihnachtsfiguren. Die Krippe und das Jesuskind stehen in der Mitte. Rundherum herrscht gähnende Leere. Da kommt die Mutter und fragt: „Jan, wo sind denn Maria und Josef?" Jan antwortet: „Die sind eben arbeiten gegangen. Darum haben sie Jesus in die Krippe gebracht!"

Anprobe
Frau Huber möchte sich ein neues Kleid kaufen und hat im Schaufenster eines gesehen, das genau ihren Vorstellungen entspricht. Sie betritt das Modehaus und fragt: „Darf ich das Kleid im Schaufenster anprobieren?" – „Sicher", antwortet die Verkäuferin etwas überrascht. „Aber wir haben auch Umkleidekabinen!"

Langer Schlaf
Frau Fischer sind die Schlaftabletten ausgegangen. Sie geht zur Apotheke und bestellt neue. Die Apothekerin verschwindet hinter den Regalen, kommt zurück und meint: „Hier sind Ihre Tabletten! Die Packung reicht für einen Monat!" – „Oh", murmelt Frau Fischer „so lange wollte ich eigentlich nicht schlafen!"

Heiratspläne
„Wenn ich groß bin, heirate ich Lara!", verkündet der kleine Bruno seiner Mutter. Diese meint: „Hast du sie schon gefragt? Weißt du, zum Heiraten gehören immer zwei!" – „Super, dann nehme ich Tina noch dazu!", freut sich der Kleine.

B6-4 Mein Name: .... Datum: ....

Lachen ist gesund 4

Großzügig
Eine alte Dame fährt jeden Tag mit dem Sieben-Uhr-Bus in die Stadt. Immer gibt sie dem Busfahrer eine Tüte mit Haselnüssen. Der Busfahrer nimmt die, bedankt sich und futtert mit Hochgenuss. Nach einer Woche fragt er die alte Dame: „Sagen Sie mal, gute Frau: Die Nüsse schmecken wunderbar. Wo kaufen Sie denn die?" – „Ach, wissen Sie, junger Mann, ich esse so gern Ferrero-Küsschen, kann aber leider mit meinem Gebiss die Nüsse nicht mehr beißen. Da lutsche ich eben nur die Schokolade!"

Stromausfall
Zwei Freundinnen sitzen im Café. Die eine erzählt: „Hör mal, was mir passiert ist. Gestern war Stromausfall im Kaufhaus. Da steckte ich zwei Stunden im Lift fest!" Da stöhnt die andere: „Das ist noch gar nichts: Ich stand zwei Stunden auf der Rolltreppe!"

Kauf oder Miete?
Ein Mann kommt in ein Kleidergeschäft. Er schaut sich nach einem Verkäufer um. „Ich brauche zehn Paar Unterhosen!" – „Lang oder kurz?", fragt der Verkäufer. Der Mann ist entrüstet: „Ich will sie kaufen, nicht mieten!"

Blinder Eifer
Tim macht eine Malerlehre. Heute soll er ein großes Fenster streichen. Er beginnt sorgfältig zu malen und ist bald einmal fertig: „Hallo, Chef!", ruft er quer durch die Baustelle „Das Fenster ist fertig. Und welche Farbe soll der Rahmen bekommen?"

Der letzte Passagier
Geduldig füttert die Mutter den kleinen Klaus: „Mach schön den Mund auf, jetzt spielen wir Eisenbahn. Jeder Löffel ist ein Passagier, der bei dir einsteigt. Hier kommt der erste Passagier. Siehst du? Brav! Und noch einen Löffel!" Plötzlich spuckt der kleine Klaus alles auf den Tisch: „Endstation, alles aussteigen bitte!"

Graue Haare
Besorgt kommt die Mutter aus dem Badezimmer: „Stell dir vor, Marie. Ich habe eben im Spiegel zwei graue Haare entdeckt." –„Und woher kommen die?" – „Vermutlich daher, dass ich mich immer wieder so über dich ärgern muss!" – „Mensch, da musst du Oma aber ganz schön geärgert haben!"

Hilfe von oben
Das Kirchendach einer armen Gemeinde irgendwo in den Bergen war undicht und das schon seit Jahren. Über viele Jahre hinweg betete der Pfarrer jeden Abend: „Herr, lass mich bitte im Lotto gewinnen, damit ich endlich das Kirchendach reparieren kann!" Aber sein Gebet wird nicht erhört. Das Kirchendach wird immer durchlässiger und der Pfarrer betet immer noch: „Herr, lass mich bitte im Lotto gewinnen, damit ich endlich das Kirchendach reparieren kann!" Da ertönt plötzlich eine mächtige Stimme: „Mein Sohn, gib mir doch eine Chance und fülle endlich einen Lottoschein aus!"

Wo ist der Führerschein?
Ein Polizist stoppt einen rasanten Motorradfahrer: „Zeigen Sie mir bitte Ihren Führerschein!" – „Ihr habt vielleicht ein Chaos!", seufzt dieser, „den hat mir Ihr Kollege letzte Woche schon abgenommen."

Vorsorgliches Training
Ernst spricht der Vater mit seinem Sohn: „Also hör einmal, Nick! Ich habe dir ein Mountainbike versprochen, wenn du dich in der Schule verbesserst. Und geändert hat sich gar nichts. Was hast du denn die ganze Zeit gemacht?" – „Fahrradfahren gelernt!"

Holzwurmkarriere
Sagt die Holzwurmmutter zu ihrer Nachbarin: „Mein Sohn hat es weit gebracht. Er arbeitet jetzt in einer Bank!"

B7 Bewegungsspiele

Vielen Menschen mit Aufmerksamkeitsproblemen – nicht nur Kindern – hilft es, wenn sie sich von Zeit zu Zeit ein paar Minuten bewegen können.
Die in diesem Kapitel beschriebenen Spiele machen Spaß und (zumindest teilweise) auch Lärm. Sie wecken müde Lebensgeister. Lernende, die im Verlauf des Tages dabei sind, die Aufmerksamkeit zu verlieren, können sie auf diese Weise ganz einfach wieder aktivieren. Meist hält nach einer solchen Übung die Aufmerksamkeit für eine Weile an. Ansonsten gilt es zu spüren, wann wieder eine Bewegungspause nötig ist.

Viele Lernende mit ADS haben motorische Schwierigkeiten. Für sie sind Bewegungsübungen besonders nützlich, denn was man häufig tut, geht immer besser.

Die folgenden Spiele lassen sich im Schulzimmer oder im Familienkreis durchführen. Zwar kann man dabei keine Punkte gewinnen, sie machen deshalb aber nicht weniger Spaß.

Weitere Spiele mit sportlicher Note zur Förderung der Aufmerksamkeit finden sich in Büchern zu den Fächern Turnen, Gymnastik oder Rhythmik.

Fische im Teich

Wer gut zuhört und richtig reagiert, bleibt lange im Spiel.

Vorbereitung
Die Spieler sitzen rund um einen Kreis (z. B. einen Seilkreis auf dem Tisch): Das ist der Teich. Ein Spielleiter wird bestimmt.

Durchführung
Wenn der Spielleiter sagt: „Rechts!", muss die rechte Hand auf den Tisch gelegt werden, auf „Links!" ist es die linke und beim Kommando „Mitte!" werden beide Hände auf den Tisch gelegt. Sagt der Spielleiter „Teich!", müssen alle die Hände in den Teich legen – das sind die „Fische im Teich".
Wer einen Fehler macht, scheidet aus.

Hinweis: Mit diesem Spiel werden auch die Begriffe „rechts" und „links" trainiert.

Alle Vögel fliegen auf!

Wer gut zuhört und richtig reagiert, darf lange mitfliegen.

Vorbereitung
Die Spieler sitzen im Kreis. Ein Spielleiter wird bestimmt.

Durchführung
Die Gruppe sitzt im Kreis und trommelt mit den Fingern (auf der Tischplatte oder auf den Knien). Der Spielleiter ruft: „Alle Vögel fliegen auf!" und hebt beide Arme. Die Spieler machen es nach. Weiter geht es mit Sätzen wie: „Alle Amseln fliegen auf!" „Alle Flugzeuge fliegen auf!", usw. Auf den Ruf: „Alle Elefanten fliegen auf!", hebt die Spielleiterin die Arme, die Mitspieler müssen jedoch weitertrommeln, denn Elefanten können nicht fliegen!
Wer sich hat verführen lässt und die Hände hebt, scheidet aus.

Klatschball

Bei diesem Spiel ist rasche Reaktion gefragt. Ehe man den Ball fangen darf, muss man in die Hände klatschen.

Vorbereitung
Ein Ball wird bereitgelegt. Alle Spieler sitzen oder stehen im Kreis.

Durchführung
Spieler 1 wirft einem andern Spieler den Ball zu. Dieser muss klatschen, ehe er ihn fangen darf. Vergisst er zu klatschen oder verliert er den Ball, scheidet er aus.

Hinweise:
- *Noch schwieriger wird es, wenn man zweimal klatschen muss, ehe man fangen darf.*
- *Man kann auch ein Wort vereinbaren, das man rufen muss, ehe man fangen darf.*

Streichholzduell

Das Spiel erfordert volle Aufmerksamkeit und eine gute Koordination von Auge und Hand.

Vorbereitung
Die Kinder bilden Zweiergruppen. Jedes Kind bekommt eine leere Streichholzschachtel.

Durchführung
Die Kinder sitzen sich paarweise gegenüber. Jedes legt sich seine Streichholzschachtel auf den rechten Handrücken. Die Schachtel kann liegen oder hochkant stehen (schwieriger!). Es gilt nun, den Partner so geschickt mit der rechten Hand zu attackieren, dass seine Schachtel herunterfällt, die eigene jedoch nicht …

Hinweise:
- *Legt man in die Schachtel eine kleine Kugel, wird das Spiel noch viel schwieriger.*
- *Benutzt man die linke (oder Linkshänder die rechte) Hand, sind die Anforderungen ebenfalls höher.*
- *Dieses Spiel eignet sich sehr gut für kurze Bewegungs- und Konzentrationspausen.*

Hahnenkampf

Beim „Hahnenkampf" geht es um Körperkoordination, Konzentration und Aufmerksamkeit.

Vorbereitung
Die Kinder bilden Zweiergruppen.

Durchführung
Die beiden „Hähne" versuchen, auf einem Bein hüpfend einander aus dem Gleichgewicht zu bringen. Wer länger auf einem Bein stehen kann, hat gewonnen.

Hinweise:
- *Ganz kurze Episoden reichen aus, um müde Lernende zu wecken! Zu langes Spielen kann die Kinder allzu übermütig machen.*
- *Das Hüpfen auf dem „schlechteren" Bein macht das Spiel anspruchsvoller.*

Fusskonzert

Ein Rhythmus soll übernommen und gehalten werden.

Vorbereitung
Die Gruppe sitzt im Kreis. Es wird abgesprochen, wer mit Vormachen beginnt.

Durchführung
Der erste Spieler beginnt einen Rhythmus zu stampfen oder zu klatschen, die Gruppe übernimmt ihn. Auf ein Zeichen hin übernimmt ein anderer Spieler die Führung und alle versuchen, möglichst rasch in den neuen Takt zu wechseln.

Hinweis: Die Aufgaben wird erschwert, wenn Hände und Füße gleichzeitig in Aktion sind.

Bewegungs-Kim

Bewegungen sollen im Gedächtnis behalten und wiedergegeben werden.

Vorbereitung
Die Gruppe sitzt im Kreis. Es wird abgesprochen, wer mit Vormachen beginnt.

Durchführung
Der erste Spieler beginnt mit einer kurzen Bewegungssequenz, z. B. Nicken und einmal klatschen Sein Nachbar zur Rechten wiederholt die Bewegungen und hängt eine weitere Bewegung an, z. B. Arme hochstrecken. Der Nächste in der Reihe nickt, klatscht, hebt die Arme hoch und erweitert den Ablauf um eine weitere Bewegung usw.
Wer eine Bewegung vergisst oder die Reihenfolge der Bewegungen nicht einhält, scheidet aus.

Blinder Brückenwächter

Ziel des Spiels ist es, sich auf seine Ohren zu verlassen, wenn die Augen ausgeschaltet sind, und sich leise zu bewegen.

Vorbereitung
Ein Feld wird in drei Teile unterteilt. Der mittlere Teil ist die Brücke. Darauf steht ein blinder „Brückenwächter" (ein Spieler mit verbundenen Augen).

Durchführung
Der blinde „Brückenwächter" versucht, die Spieler zu berühren, die über den Fluss wollen.
Wer berührt wird, ist neuer „Brückenwächter".

Hinweise:
- *Passen Sie auf, dass der „Brückenwächter" nicht von der Brücke fällt, d. h. seine Brücke nicht verlässt.*
- *Achten Sie darauf, dass sich keine potenziell gefährlichen Gegenstände in der Nähe des Spielfeldes befinden.*

Indianer auf Schleichpfad

Bei diesem Spiel gilt es einerseits, sich geräuschlos zu bewegen, und andererseits, die Ohren zu spitzen.

Vorbereitung
Alle Spieler sitzen im Kreis mit dem Rücken zur Mitte. Der „Indianer" befindet sich im Zentrum.

Durchführung
Der „Indianer" versucht, einen Spieler anzuschleichen. Wer etwas hört, zeigt in die entsprechende Richtung und der „Indianer" muss zurück in die Mitte. Gelingt es ihm, sich an jemanden heranzuschleichen, ohne bemerkt zu werden, wird dieser Spieler zum schleichenden „Indianer".

Ochs am Berg

Hier gewinnt, wer sich vorsichtig bewegt und ahnt, dass der Ochs am Berg sich nächstens umdrehen wird.

Vorbereitung
An einer Wand steht ein Spieler mit dem Gesicht zur Wand. Er ist der „Ochs am Berg". Die übrigen Spieler stehen an der gegenüberliegenden Wand und sollen ihn anschleichen.

Durchführung
Der Ochs murmelt fortwährend den Satz „Ochs am Berg" vor sich hin. Die andern Spieler versuchen, ihn anzuschleichen und zu berühren. Der „Ochs am Berg" dreht sich plötzlich um und schaut, ob sich jemand bewegt. Diese Spieler schickt er zurück an die Wand. Wer es schafft, bis zum „Ochs" zu gelangen und ihn zu berühren, ohne in Bewegung ertappt zu werden, wird der nächste „Ochs am Berg".

Eine Ente mit zwei Beinen

Dieses rasante Spiel erfordert extrem viel Aufmerksamkeit. Es macht jede Gruppe in wenigen Minuten munter!

Vorbereitung
Die Gruppe sitzt im Kreis. Die Spielrichtung wird bestimmt.

Durchführung
Gespielt wird mit dem Satz: „Eine Ente mit zwei Beinen springt ins Wasser, platsch! Zwei Enten mit vier Beinen springen ins Wasser, platsch, platsch! Drei Enten ..."

Spieler 1 sagt: „Eine Ente ...„
Spieler 2: *klatscht sich einmal auf die Schenkel*
Spieler 3 sagt: „mit zwei Beinen ..."
Spieler 4: *stampft zweimal auf den Boden*
Spieler 5 sagt: „springt ins Wasser, platsch!"
Spieler 6: *klatscht einmal in die Hände*
Spieler 7 sagt: „Zwei Enten
Spieler 8: *klatscht sich zweimal auf die Schenkel*
Spieler 9 sagt: „mit vier Beinen"
Spieler 10: *stampft viermal auf den Boden*
Spieler 11 sagt: springen ins Wasser, platsch, platsch!"
Spieler 12: *klatscht zweimal in die Hände*
usw.

Wer hereinfällt, scheidet aus.

Ich heisse Lena und ich mache so!

Gefragt ist ein gutes Gedächtnis für Bewegungsabläufe.

Vorbereitung
Die Spielenden sitzen im Kreis. „Lena“ wird bestimmt.

Durchführung
„Lena“ macht eine Bewegung und sagt dazu: „Ich heiße Lena und mache so!“ Der nächste Spieler wiederholt den Satz und die Bewegung und fügt eine weitere Bewegung dazu. usw.
Wer etwas vergisst, scheidet aus.

Kommando Pimpernell

In diesem Spiel geht es um Koordination von Auge, Ohr und Bewegung.

Vorbereitung
Ein Spielleiter wird bestimmt.

Durchführung
Der Spielleiter steht in der Mitte (oder vor der Klasse) und erteilt verschiedene Befehle, die er selbst auch ausführt (klatschen, schnippen, stampfen, hüpfen usw.).
Er ruft „Kommando klatschen!“ oder „Kommando schnippen!“ usw. Lässt er das Wort „Kommando“ weg, müssen alle mit den bisherigen Bewegungen weitermachen.
Wer hereinfällt, darf erst wieder mitmachen, wenn der Spielleiter „Kommando Pimpernell!“ ruft. Verpasst der aussetzende Spieler dieses Kommando, muss er das nächste abwarten.

Magische Zahl

Die magische Zahl ist gefährlich – sie erfordert rasches Reagieren.

Vorbereitung
Ein Softball wird bereitgelegt. Als Ersatz kann eine Kugel aus Zeitungspapier dienen. Die Spieler sitzen im Kreis und vereinbaren eine magische Zahl (z. B. 7).

Durchführung
Der erste Spieler nennt einen Namen und eine Zahl („Paul 3“) und wirft dem Genannten den Ball zu. Paul fängt den Ball und gibt ihn an Sara ab („Sara 11“). Sara und wirft den Ball zu Petra („Petra 7“). Die magische Zahl 7 verbietet Petra, den Ball zu werfen. Tut sie es trotzdem, scheidet sie aus. Auch wer den Ball nicht fängt, obschon keine magische Zahl genannt wurde, scheidet aus.

Anspruchsvollere Varianten:
- *Auch die Vielfachen der magischen Zahl gelten als magisch.*
- *Es werden zwei magische Zahlen vereinbart.*
- *Das Spiel wird in einer Fremdsprache gespielt.*

Zipp-Zapp

Dieses Spiel trainiert sowohl die Aufmerksamkeit wie auch eine rasche Reaktion.

Vorbereitung
Alle Spieler sitzen im Kreis. Es gibt einen Platz weniger, als es Spieler sind. Wer keinen Platz hat, beginnt als Spielleiter.

Durchführung und Regel
Der Spielleiter stellt sich vor einen sitzenden Mitspieler und sagt: „Zipp“. Nun muss dieser den Namen seines Nachbarn zur Rechten nennen oder bei „Zapp“ und den Namen seines linken Nachbarn sagen. So geht es mehrere Male. Sagt der Spielleiter plötzlich „Zipp-Zapp“, wechseln alle Spieler die Plätze. Wer keinen Sitzplatz findet, beginnt das Spiel als nächster Spielleiter von Neuem.

C Einbeziehen der Eltern – Merkblätter

In den meisten Schulklassen sitzen Kinder mit leichteren oder schwereren Aufmerksamkeitsproblemen – bis hin zum ADS (**A**ufmerksamkeits-**D**efizit-**S**yndrom). Sehr oft kommen Kinder solche Kinder aus Familien, in denen auch andere Mitglieder Probleme mit der Aufmerksamkeit haben. Aber auch Lehrpersonen sind nicht davor gefeit, sich in Unaufmerksamkeit zu verlieren. Wer hat sich noch nie dabei ertappt, sich zu verzetteln und sieben „Baustellen" auf einmal zu bedienen – und dabei die Übersicht zu verlieren?

Das Wissen um Störungen der Aufmerksamkeit hilft mit, sich davor zu schützen und etwas dafür zu tun, dass die Unaufmerksamkeit nicht überhandnimmt.

Die Neurowissenschafter wissen heute ziemlich genau, was es braucht, um aufmerksam zu sein. Neurobiologische Untersuchungen haben gezeigt, dass der Stoffwechsel im Gehirn gut funktionieren muss. Psychologisch und pädagogisch betrachtet, gehört zur Aufmerksamkeit auch die Fähigkeit, die wichtigen Reize von den unwichtigen zu trennen. Man muss also versuchen, die Aufmerksamkeit durch Reizsteuerung zu unterstützen („mach eines nach dem andern!").

Wie die aktuelle neurowissenschaftliche Forschung zeigt, können Gehirne sehr viel lernen. Bei Geburt sind zwar viele Nervenverbindungen angelegt. Aber es werden nur diejenigen weiterentwickelt, die auch genutzt werden. Um die Konzentration oder die Aufmerksamkeit zu fördern, müssen möglichst oft entsprechende – Aufmerksamkeit und Konzentration erfordernde – Handlungen ausgeübt werden. Eltern und Lehrpersonen sind die wichtigsten Verbündeten der Kinder bei der Entwicklung der Aufmerksamkeitsfähigkeit. Sie sind als „Entwicklungshelfer" dringend nötig. Um wirkungsvoll helfen können, brauchen sie Informationen.

Für den schulischen Erfolg ist Aufmerksamkeit von entscheidender Bedeutung. Warum also nicht einen Elternabend zum Thema Aufmerksamkeit planen und gemeinsam Wege suchen, wie man die Entwicklung der Kinder fördern kann?

Mit dem Brief an die Eltern (C1, siehe S. 92) können Sie den Eltern das geplante Aufmerksamkeitstraining ankündigen. Den Brief finden Sie auf der dem Buch beigelegten CD als Word-Datei. So können Sie den Text den aktuellen Gegebenheiten und Umständen anpassen.

Die Merkblätter in diesem Kapitel (siehe Seiten 93–109) halten das Wichtigste zum Thema „Aufmerksamkeit und Aufmerksamkeitsdefizit (ADS)" fest.
Sie lassen sich an Elternabenden einsetzen als Diskussionsgrundlage oder als Zusammenfassung. Wenn Sie mit älteren Kindern und Jugendlichen arbeiten, können Sie die Blätter auch mit ihnen durcharbeiten, mit nach Hause geben und signieren lassen. Die Erfahrung zeigt aber, dass die Eltern für das Thema im direkten Gespräch viel besser sensibilisiert und motiviert werden.

Hier ein paar Vorschläge für geeignete Elternabendthemen und deren Bearbeitung:

1. Was ist Aufmerksamkeit?

Halten Sie ein kleines Referat zum Thema „Neurowissenschaftliches Wissen über Aufmerksamkeit" aufgrund der Informationen, die Sie den Merkblättern C2, C3 und C6 entnehmen können.

2. Wie kann man Aufmerksamkeit lernen und verbessern?

- Beginnen Sie mit einem Selbstversuch zur Aufmerksamkeit anhand der Arbeitsblätter A1-1, A1-2a/b und evtl. A1-3a/b.
- Fassen Sie die Ergebnisse und Beobachtungen zusammen: Menschen sind ganz unterschiedlich aufmerksam – Wir alle haben manchmal Probleme mit der Aufmerksamkeit – Wann haben wir Probleme mit der Aufmerksamkeit (Müdigkeit, fehlende Motivation, zu viel Ablenkung, zu viele Aktivitätsmöglichkeiten)? – Was können wir tun zur Verbesserung unserer Aufmerksamkeit?

3. Was können wir innerhalb unserer Familie tun zur Förderung der Aufmerksamkeit?

- In Gruppen, eventuell Kleinstgruppen von zwei Personen werden Ideen gesammelt (strukturierter Tagesablauf, Rituale, Bildschirmkonsum regeln, Freizeitaktivitäten im Freien).
- Gemeinsam werden die Vorschläge diskutiert. Fassen Sie zusammen und ergänzen Sie mit Informationen zum Thema (siehe Merkblätter C4, C5 und C10a/b).
- Welche Möglichkeiten sehe ich für unsere Familie? Welche sind realistisch?
- Welche Maßnahmen sind für den familiären Bereich weniger geeignet und sollten eher in der Schule getroffen werden?

Am Schluss des Abends geben Sie die entsprechenden Merkblätter ab sowie die Blätter A1-4a/b für das Training zu Hause (in beliebiger Anzahl).

Die Themen der Merkblätter lassen sich in beliebiger Reihenfolge bearbeiten. Beginnen sollten Sie auf jeden Fall mit den Blättern „Aufmerksamkeit und Lernen" (C2) und „Voraussetzungen für das Lernen" (C3).

Wie beim Arbeiten mit Kindern und Jugendlichen empfiehlt sich am Anfang der Arbeit eine Selbsteinschätzung. Benutzen Sie dazu die Blätter „So aufmerksam bin ich!" (A1-1) und „Achtung, aufgepasst!" (A1–2a/b) aus Kapitel A1. Mit diesen Experimenten werden Sie die Eltern für das Thema sofort gewinnen!

Aktivieren Sie die Mütter und Väter für regelmäßiges Aufmerksamkeitstraining in der Familie und empfehlen Sie Ihnen – wie Sie das auch in der Schule tun –, großzügig Punkte zu verteilen auf dem Weg zum „Gipfel der Aufmerksamkeit".

Geben Sie die Merkblätter als Kopien auf Papier ab und benutzen Sie sie im Unterricht und an Elternabenden als Folien für den Hellraumprojektor.

TIPPS ZUR UNTERSTÜTZUNG DER AUFMERKSAMKEIT

▷ Dosieren Sie die Impulse wohl überlegt und vermeiden Sie eine Reizüberflutung. Das hilft allen Kindern, ist aber für Kinder mit Tendenz zu Hyperaktivität besonders wichtig. Immer wieder Anreize zu geben für die Aktivierung, ist hingegen sehr wichtig für unteraktivierte Kinder und Jugendliche.

▷ Unterstützen und steuern Sie so viel und so lange als nötig, denn mit mangelhafter Selbststeuerung kämpfen alle Menschen, die Aufmerksamkeitsprobleme haben. Aufmerksam sein heißt ja unter anderem auch: Ich will mich jetzt dieser Tätigkeit widmen – und keiner anderen!

▷ Eltern, die sich nicht mitreißen lassen von blindem Aktivismus und kein Interesse verspüren, jedem Trend hinterherzuhetzen, die in ihrer Familie Ruhe und Achtsamkeit pflegen, Eltern, die Zeiten für Erfahrungen und Wahrnehmungen einplanen – das sind gute „Entwicklungshelfer" in Sachen Aufmerksamkeit.

▷ Aufmerksamkeitstrainer können alle sein: Lehrpersonen, Eltern und Schulpsychologen.

▷ Denken Sie daran: Aufmerksamkeit ist wie eine kostbare Pflanze, die man zeitlebens hegen und pflegen muss.

Datum

Liebe Mutter, lieber Vater, liebe Eltern

„Aufmerksamkeit ist etwas, was man hat oder eben nicht!" – Das zumindest glaubte man bis vor wenigen Jahren. Wer sich nicht konzentrieren konnte, war halt so veranlagt oder hatte vielleicht eine bestimmte psychische Störung, mit der man sich Unaufmerksamkeit und die daraus entstehenden Lerndefizite erklärte. Kinder mit solchen Störungen brauchten viel Verständnis – und das war alles.

Dass das nicht so ist, zeigt die moderne neurowissenschaftliche Forschung. Diese untersucht das Gehirn beim Denken. In vielen Forschungsarbeiten wurde festgestellt, dass das menschliche Gehirn ein äußerst lernfähiges Organ ist. Sicher – vieles bringt man schon mit auf die Welt, denn man wird nicht als „unbeschriebenes Blatt" geboren. Und gleich von Geburt an beginnt man zu lernen – vieles fällt einem leicht, anderes gar nicht.

Generell gilt: Was man gut können will, muss man oft tun. Und so kann man sehr vieles sehr gut lernen. Das gilt auch für die Aufmerksamkeit. Eigentlich ist es einfach – wir müssen bloß Gelegenheiten schaffen, in denen wir uns ganz auf eine Tätigkeit einstellen, uns nur dieser Sache widmen. So lässt sich die Aufmerksamkeit üben und trainieren. Schon nach kurzer Zeit können erste Erfolge sichtbar werden.

Allerdings darf man nie ganz mit dem Trainieren aufhören. Wer glaubt, ein kurzes Training reiche aus, um die Aufmerksamkeit dauerhaft zu entwickeln, der täuscht sich. Denn wie bei Muskeln, die wieder verkümmern, wenn man sie nicht andauernd fordert, so sind auch die Fähigkeiten unseres Gehirns nicht unvergänglich. Was wir behalten wollen, das müssen wir pflegen. Das gilt für Sie und mich ebenso wie für unsere Kinder.

Wie ein Aufmerksamkeitstraining aussehen kann, werden Sie in den nächsten Wochen erfahren. Ihr Kind wird in der Schule ein Aufmerksamkeitstrainings-Programm machen und Sie werden es aus der Ferne begleiten. Hin und wieder werden Sie auch gebeten, selber mitzumachen. Es gibt unzählige Spiele, Übungen, aber auch organisatorische Dinge, die in der Familie durchgeführt werden können und sollen. Wenn Sie aktiv mittrainieren, werden auch Sie selbst davon profitieren!

Lassen Sie sich überraschen – es geht bald los. Sie und Ihr Kind können ein äußerst wirkungsvolles Entwicklungsteam sein.

Mit freundlichen Grüßen

Unterschrift

Aufmerksamkeit und Lernen

Aufmerksamkeit ist eine wichtige Grundlage für das Lernen überhaupt. Ohne Aufmerksamkeit gibt es kein gezieltes Lernen!

Die Fähigkeit, aufmerksam zu sein, wird einem nicht in den Schoß gelegt, sondern muss erarbeitet und gepflegt werden. In unserer technisierten und hochkomplexen Welt ist sie in hohem Ausmaß nötig – aber es ist oft sehr schwierig, sie zu lernen. Man muss dafür eine günstige Umgebung schaffen.

In Afrika bindet man sich die Babys um den Bauch oder auf den Rücken und nimmt sie überallhin mit. Wer das bei uns zu oft tut, tut nicht viel Gutes für die Entwicklung der Aufmerksamkeit, denn zu viele Reize (Reizüberflutung) sind schon im Säuglingsalter schädlich. Reizüberflutung bleibt während des ganzen Lebens ein Thema: Auch als gut organisierte Erwachsene kommen wir immer wieder in Situationen, in denen wir die eingehenden Reize steuern müssen.

Lernen heißt, auf Neues aufmerksam zu werden, es zu verarbeiten und aktiv einzubauen in das Netz des schon vorhandenen Wissens.

Die Aufmerksamkeit dient dazu, etwas wahrzunehmen, es zu speichern und abzurufen. Aufmerksamkeit ist in jeder Phase des Lernens nötig. Aufmerksamkeit und Lernen gehören eng zusammen.

Lernen ist eine komplexe Angelegenheit. Es spielt sich in verschiedenen Entwicklungsbereichen ab. Das folgende Diagramm soll das Geschehen plastisch darstellen und das Verständnis für die Zusammenhänge erleichtern.

Die einzelnen Bereiche werden als Regionen verstanden, die eng miteinander verbunden sind. Alle vier Regionen müssen für sich allein gut funktionieren. Damit Aufmerksamkeit und Lernen gut funktionieren können, müssen sie aber auch möglichst gut zusammenspielen. Nur so kann eine gute und gesunde (Lern-)Entwicklung geschehen.

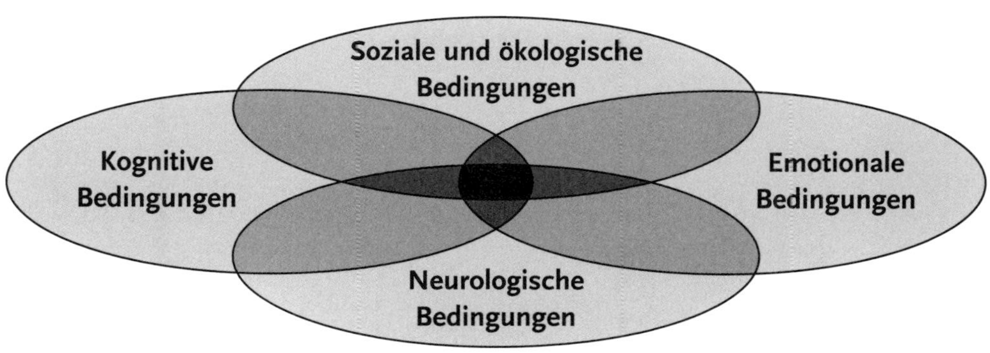

Voraussetzungen für das Lernen

Neurobiologische Aspekte bilden die Grundlage allen Lernens. Dabei spielt die Gehirnentwicklung eine zentrale Rolle: Sie ist ein aktiver Prozess, der durch Reize gesteuert wird. Mangelnde Reize zu erhalten aus der Umwelt ist ebenso schlecht für die Gehirnentwicklung wie das Einwirken zu vieler Impulse. Notwendig ist eine möglichst gute Balance.

Emotionale Aspekte sind ebenfalls sehr wichtig. Kinder haben je nach Alter ganz unterschiedliche Bedürfnisse: Während das Kleinkind viele und enge Beziehungen zu seinen Eltern oder Ersatzeltern braucht, benötigen Jugendliche viele Kontakte mit Gleichaltrigen.

Kognitive Aspekte sind Voraussetzung für Erfahrung und Lernen. Unter kognitiven Aspekten versteht man die Gesamtheit der Denkmöglichkeiten. Bei gut entwickelten kognitiven Fähigkeiten kann man leichter lernen als bei schlecht entwickelten. Was nicht gut entwickelt ist, lässt sich jedoch mit günstigen und angemessenen Impulsen immer verbessern.

Zu den kognitiven Aspekten gehört auch das Wissen über sich als Mensch und Lernender. Das Wissen über die Welt (Sachwissen, Weltwissen) und das Wissen über Vorgänge (prozedurales Wissen) gehören ebenfalls dazu.

Soziale Aspekte sind für die Entwicklung von Aufmerksamkeit und Lernen sehr wichtig. Menschen orientieren sich an andern Menschen. Jeder will können, was die andern können. Dazu braucht es soziale Kontakte und das Verständnis für soziale Situationen.

Die Entwicklung des Gehirns

Das Gehirn beginnt sich lange vor der Geburt zu entwickeln und hört damit nicht auf bis zum Tod. Diese Entwicklung geschieht nicht einfach von selbst. Sie ist ein aktiver Prozess, der gesteuert wird von verschiedenen inneren und äußeren Faktoren. Das Gehirn braucht Anregungen von außen in ausgewogenem Ausmaß, um diesen Prozesse anzuregen und am Laufen zu halten.

Doch schauen wir uns die Entwicklung des Gehirns von der Geburt weg an: Das Neugeborene kommt mit einer riesigen Anzahl von Nerven zur Welt. Mit der Zeit bilden sich Verbindungen zwischen einzelnen Nerven, so genannte Synapsen. Die meisten Tätigkeiten erfordern die Zusammenarbeit vieler Nervenzellen. Neue Tätigkeiten brauchen neue Verbindungen. Im Verlauf des Lebens kommt es so zu immer neuen Synapsen. Diese schließen sich wiederum zu Netzwerken zusammen.

Ziel eines gut funktionierenden Gehirns ist es nicht, möglichst viele Synapsen zu haben, sondern möglichst gut organisierte Verbindungen und Bahnen. Damit dies erreicht wird, muss die Aufmerksamkeit im richtigen Moment auf das richtige Ziel gerichtet sein und dort bleiben.

Verbindungen, die oft gebraucht werden, werden schnell und sicher. Sie sind vergleichbar mit gut unterhaltenen Autobahnen. Verbindungen, die selten benutzt werden, bleiben langsam und störungsanfällig oder verkümmern gar. Sie sind vergleichbar mit Dschungelpfaden, die zwar durchaus reizvoll, aber eben gefährlich und weder schnell noch sicher sind.

Die Bedeutung der Sinneserfahrungen

Das menschliche Gehirn ist sehr lernfähig. Was Menschen oft tun, können sie immer besser.
Alle fünf Sinne (Sehen, Schmecken, Tasten, Fühlen, Hören) entwickeln sich auf diese Weise. Wer viel sieht, kann eine gute Beobachtungsgabe entwickeln – aber hören kann er deshalb noch lange nicht besonders gut. Es müssen also alle Sinne gefördert werden. Dies ist im Alltag meist ziemlich gut gewährleistet. Heute muss man allerdings aufpassen, dass das Sehen, bedingt durch viel Fernsehen, die andern Sinne nicht verkümmern lässt. Gerade das Hören lässt sich leicht durch das Sehen dominieren, Schmecken und Tasten ebenfalls. Es ist eine wichtige Aufgabe der Familie, vielfältige Gelegenheiten für vielseitige Sinnes- und Lernerfahrungen zu schaffen.

Was man oft tut, lernt man gut – egal ob es etwas Erwünschtes ist (z. B. sägen oder schreiben) oder etwas wenig Erwünschtes (z. B. viel streiten oder schlagen). Das Gehirn unterscheidet hier nicht.

Wie können Schule und Familie das Lernen durch gezielte Förderung der Aufmerksamkeit unterstützen?

Schule und Familie müssen versuchen, Aufmerksamkeit zu wecken und zu erhalten, um aus Lerndschungelpfaden Lernautobahnen zu machen. Dies ist in unserer Hightechwelt noch viel wichtiger als in einfachen Kulturen. Dort ist die Umwelt weniger komplex und es ist viel einfacher, Aufmerksamkeit zu entwickeln und aufzubauen. Es gibt weniger Störungsmöglichkeiten und die weniger komplexe Welt stellt geringere Anforderungen an diejenigen, die mit ihr zurecht kommen müssen.

In unserer hochkomplexen Welt dagegen müssen wir oft alle Register ziehen, um die Entwicklung der Aufmerksamkeit und des Lernens richtig zu steuern. Es ist kein Zufall, dass heute viele Kinder und Jugendliche in Therapien aller Art betreut und unterstützt werden müssen.

Eltern und Lehrkräfte sind ganz wichtige Aufmerksamkeitsentwicklungshelfer: Sie geben Impulse, sie lenken und steuern. Reflektieren Sie die Aufmerksamkeit mit den jungen Menschen, werten sie die Ergebnisse aus und helfen Sie, daraus Erfahrungen zu machen.

Um dieses Ziel zu erreichen, braucht es Ruhe- und Konzentrationszeiten ebenso wie aktive Stimulationszeiten. Ruhe- und Konzentrationszeiten können in der Familie viele ruhige und gemächliche Tätigkeiten sein. Sie sollten eine bestimmte, eventuell fest definierte Zeit dauern und dürfen durchaus etwas monoton sein. Ruherituale sind sehr hilfreich. Überhaupt bringt jede Art von Ritualen eine gewisse Ruhe in Familie und Schule.

Ruhig und entspannt zu sein, heißt natürlich noch nicht, aufmerksam zu sein. Das ist erst eine notwendige Vorstufe dazu. Damit die Kinder aufmerksamer werden, sollten Sie ganz gezielt Gelegenheiten schaffen, in denen Kinder ihre Aufmerksamkeit einsetzen und beobachten können. Dazu dienen Spiele, bei denen die Kinder und Jugendlichen rasch die Wirkung der eingesetzten Aufmerksamkeit erkennen. Auf diese Weise können sie lernen, ihre Aufmerksamkeit aufzubauen und sie zu kontrollieren. Beides ist gleichermaßen wichtig!

Ruherituale in der Schule

- Fünf-Minuten-Musik hören (siehe oben)
- Meditatives Malen
- Fantasiereisen
- Schreibübungen, Ornamente oder Mandalas malen und zeichnen, untermalt mit Musik
- Einander Geschichten vorlesen
- Entspannungsübungen mit oder ohne CD-Anleitung
- Ruhige Wahrnehmungsübungen für alle fünf Sinne
- Rhythmikübungen
- Gesteuerte Bewegungsübungen in der Turnhalle

Ruherituale zu Hause

- Siesta im Zimmer
- Gute-Nacht-Geschichte
- Gemeinsames Reflektieren des Tages vor dem Einschlafen
- Wandern (abseits vom Verkehr, durch Wald und Feld)
- Malen
- Werken
- Entspannungskassetten hören und sich entspannen
- Lesen
- Kassetten, CD hören
- Ruhige Musik hören (Albinoni, Haydn, Mozart, Vivaldi).
  Kinder suchen sich solche Musik selten selbst aus. Erklären Sie ihnen, dass diese Musik hilft, um aufmerksamer und konzentrierter zu werden. Die persönlichen Vorlieben kann man nachher wieder pflegen.

Tipps für Eltern

- ▹ Dosieren Sie das Spielzeug. Die meisten Kinderzimmer sind vollgestopft mit Dingen, die ein konzentriertes Spielen oft verhindern. Packen Sie einen Teil der Spielsachen in Kisten und bringen Sie sie für eine bestimmte Zeit in den Keller oder auf den Dachboden. Von Zeit zu Zeit tauschen Sie gewisse Spielsachen aus – für die Kinder sind sie dann wieder wie neu!
- ▹ Lassen Sie den Fernseher nie laufen, wenn nicht ausdrücklich Fernsehen angesagt ist (Hintergrund-TV ist vom Gesichtspunkt Aufmerksamkeit aus Gift!).
- ▹ Seien Sie auch vorsichtig mit Hintergrundradio. Verzichten Sie zeitweise bewusst auf eine Geräuschkulisse. Probieren Sie gemeinsam mit den Kindern aus, wie man sich fühlt, wenn man Hausaufgaben oder Hausarbeiten bei völliger Ruhe macht. Sie werden staunen!
- ▹ „Moderieren" sie bewusst die Gespräche am Tisch (es spricht einer nach dem andern, einander ausreden lassen usw.)
- ▹ Achten Sie auf gemeinsamen Spaziergängen, z. B. im Wald, zusammen mit den Kindern bewusst auf die Umgebung (Was hörst du? Was siehst du? Was spürst du?). Das ist unterhaltsam und schärft die Sinne.
- ▹ Bieten Sie Anregungen – aber dosieren Sie sie gut. Gute Sendungen am Fernsehen sind durchaus lehrreich. Geben Sie den Kindern aber genug Zeit, die Inhalte innerlich zu verarbeiten. Schauen Sie mit und diskutieren Sie über die Sendung!
- ▹ Überwachen und regeln sie die Zeiten, die Ihr Kind am Computer und vor dem Fernseher verbringt. – Fühlen Sie sich ertappt? In Bezug auf TV und Computer versagen selbst bei Erwachsenen die Selbststeuerungsfähigkeiten! Oder bleiben Sie nie an der Mattscheibe „kleben"?

Aufmerksamkeit, Lernen und Gedächtnis

Aufmerksam sein heißt aufzupassen, auf etwas zu achten (z. B. merken, was neu ist).
Lernen heißt, sich neue Informationen anzueignen (z. B. das Neue aufzunehmen).
Ein gutes Gedächtnis haben heißt, diese neuen Informationen speichern zu können.
Aus dem Zusammenspiel dieser drei Faktoren resultiert **Wissen**.
Und Wissen heißt, Informationen abrufen zu können.

Früher unterteilte man das Gedächtnis in Kurzzeit- und Langzeitgedächtnis und stellte sich vor, dass das Kurzzeitgedächtnis Voraussetzung für das Langzeitgedächtnis sei. Inzwischen hat man festgestellt, dass die beiden auch unabhängig voneinander funktionieren.

Heute spricht man statt vom Kurzzeitgedächtnis vom **Arbeitsgedächtnis**. Es umfasst Zeitspannen von wenigen Sekunden bis zu einigen Minuten. Es hat eine beschränkte Kapazität, in der Regel kann es meist 5–9 Elemente (am häufigsten 7) fassen. Es kann neue Elemente speichern oder diese mit Elementen (die von außen oder aus dem eigenen Langzeitspeicher kommen) vergleichen. Es ist also mehr als nur ein Speichermedium. Es wird deshalb manchmal auch als „Wandtafel des Geistes“ bezeichnet.

Die Kapazität des Arbeitsgedächtnisses lässt sich durch Training vergrößern. Schon ein kleiner Fortschritt im Arbeitsgedächtnis kann auch viel bewirken im Langzeitgedächtnis.

Das Arbeitsgedächtnis ist eine Art Kommandozentrale, die über zwei unabhängige Systeme wacht und auch die Verbindung zum Langzeitgedächtnis herstellt. Es koordiniert und kontrolliert Aktionen. Es wird manchmal auch Supervisorisches Aufmerksamkeits-System (SAS) genannt.

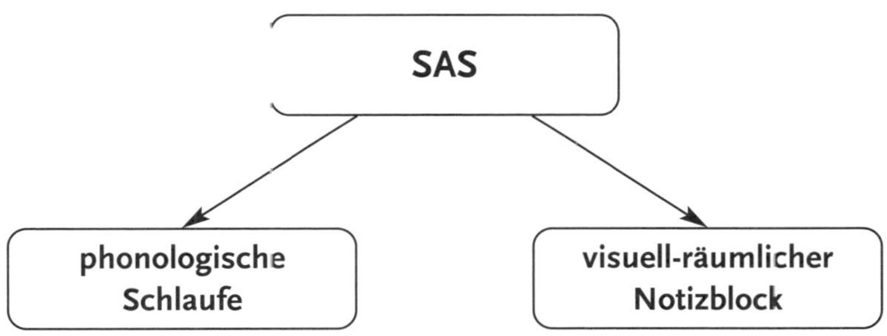

Die **phonologische Schlaufe** verarbeitet akustische Informationen. Aber auch visuelle Informationen können akustisch verarbeitet werden.

Beispiele: Buchstabenreihen, Wörter oder Zahlenreihen hören (sich vorlesen lassen) und sich merken.

Der **visuell-räumliche Notizblock** arbeitet analog zur phonologischen Schlaufe. Er kann Informationen visuell oder visuell-räumlich kodieren.

Beispiele: Muster, Wörter oder Figuren sehen und sich merken.

Die phonologische Schlaufe und der visuell-räumliche Notizblock arbeiten unabhängig voneinander. Störungen im Arbeitsspeicher (z. B. Defizite im auditiv-verbalen Kurzzeitspeicher) gehen aber häufig einher mit Störungen im Langzeitspeicher.

Gut organisiert ist halb gelernt

Wenn man spürt, dass einem die Aufmerksamkeit abhanden kommt, kann man sie wieder holen. Das ist besser als vor den Büchern zu sitzen und Zeit zu verlieren. Viele Lernende beklagen sich, dass sie zwar viel lernen würden, dass aber nichts hängen bleibe. Das ist ein ernsthafter Hinweis auf Aufmerksamkeitsprobleme.

Je eher man lernt, die eigene Aufmerksamkeit oder Unaufmerksamkeit zu spüren, desto eher lassen sich die Schwierigkeiten überwinden. Lassen Sie Ihr Kind immer wieder die eigene Aufmerksamkeit einschätzen auf der Skala von 1–10 (10 = ich bin total aufmerksam, 1 = ich bin überhaupt nicht aufmerksam) – und tun Sie das auch selbst!

Das A und O beim Aufbauen und Halten der Aufmerksamkeit ist eine gute Organisation. Organisation schafft Ordnung, Ordnung ermöglicht Aufmerksamkeit, Aufmerksamkeit ermöglicht Lernen!

Checkliste

- ▹ Ich mache Ordnung auf dem Tisch. Alles Nötige bringe ich in Griffweite, alles Überflüssige außer Sichtweite.
- ▹ Ich stelle mich auf das Lernen ein, indem ich klar, deutlich und laut meine Absicht formuliere („So, jetzt lerne ich bis 17 Uhr die Englischwörter").
- ▹ Ich mache einen klaren Lernplan: „Zuerst nehme ich mir Teilaufgabe A vor, dann erledige ich Teilaufgabe B usw."
- ▹ Nach 25 Minuten mache ich eine Pause von fünf Minuten. In dieser Zeit schnappe ich Luft, bewege mich ein bisschen, trinke ein Glas Wasser oder mache ein paar Bewegungsübungen.
- ▹ Nach einer Stunde gibt es eine längere Pause. Ich passe auf, dass sie nicht zu lange dauert, weil sonst der Wiederanfang unnötig erschwert wird.
- ▹ Ich versuche, auf meine Aufmerksamkeit zu achten: Sobald ich spüre, dass sie verloren geht, versuche ich sie wieder zu holen durch eine kurze Entspannungs- oder eine Konzentrationsübung oder durch eine Bewegungspause.

Erinnern Sie Ihr Kind immer wieder an die einzelnen Punkte. Gehen Sie mit dem guten Beispiel voran, leben Sie vor, wie man es machen sollte, sobald sich eine Gelegenheit dazu ergibt.

Die Lernumgebung gestalten

Die Lernumgebung spielt eine wichtige Rolle. Versuchen Sie, sie bewusst zu verbessern, es lohnt sich! Denken Sie daran, immer wieder zu überprüfen, ob sich keine Nachlässigkeiten eingeschlichen haben.

Das alles ist aufmerksamkeitsfördernd:

- eine gleich bleibende Umgebung
- eine ruhiges Umfeld
- ein eigenes Zimmer – wenn das Ihre familiäre Situation zulässt (auf jeden Fall sollte es ein Zimmer ohne Fernsehgerät und Computer sein)
- das Regulieren und Überwachen des Fernsehkonsums und der Zeit, die Ihr Kind am Bildschirm verbringt. Viele Kinder bleiben vor den Bildschirmen zu lang hängen. Sie vergessen die Zeit und sich selbst und sind oft danach weniger zufrieden als vorher.
- eine gut dosierte Dekoration im Zimmer
- ein ruhiges Wohnzimmer
- eine (mehr oder weniger) aufgeräumte Wohnung
- Rituale; sie geben Sicherheit, verbinden, lassen gemeinsam etwas Schönes erleben
- feste Zeiten beim Zubettgehen
- feststehende Essenszeiten (mit Ausnahmen!); sie sind nicht nur wegen der Ernährung wichtig, sondern sie erleichtern auch den Aufbau eines inneren Rhythmus, einer „inneren Uhr“. Vergessen Sie nicht: Alles Absehbare entlastet unser Gehirn und macht Platz für Wichtigeres. Wenn wir nicht immer wieder überlegen müssen, wann wir essen sollen oder wann Schlafenszeit ist, können wir uns Dingen widmen, die mehr Aufmerksamkeit verdienen und erfordern.
- das Erledigen der Hausaufgaben in einem ruhigen Raum. Ausnahmsweise darf auch einmal „Lernmusik“ laufen, auf keinen Fall aber das Radio, wenn immer wieder gesprochen wird.
- dosierte und wohlüberlegte Reize. Oft ist weniger wirklich mehr. Planen Sie für den Sonntag besser nur eine oder zwei Aktivitäten und verbinden diese mit Eigenaktivität, z. B. in den Zoo gehen und bestimmte Tiere aufsuchen oder Informationen dazu suchen. Dann noch ein Aufenthalt auf dem Spielplatz – das reicht. Wer mehr plant, tut des Guten zuviel. Aber auch ein Sonntag ohne jede geplante gemeinsame Aktivität ist nicht gut. Ein kurzer Waldspaziergang oder ein Aufenthalt auf dem Spielplatz ist genug Programm. Machen Sie Vorschläge und entscheiden Sie gemeinsam mit den Kindern.
- die Kinder selber planen lassen. Planen will gelernt sein, das kann man nicht einfach so. Die Kinder brauchen dabei Ihre Erfahrung und Unterstützung.

Das alles ist aufmerksamkeitsschädigend:

- ein ständig laufendes Fernsehgerät. Nur einschalten, wenn geschaut wird! TV-Programme sollten niemals als Hintergrundkulisse laufen, denn das beeinträchtigt erwiesenermaßen eine gesunde Hirnentwicklung. Forschungsarbeiten aus den USA haben gezeigt, dass Kleinkinder, die mehrere Stunden pro Tag einem laufenden Fernseher ausgesetzt wurden, ein viel größeres Risiko haben, ein ADS zu entwickeln (2004).
- ein ständig laufendes Radio. Schauen Sie, dass es jeden Tag ruhige Zeiten gibt. Es wird auch Ihnen gut tun! Vor allem zu Hausaufgabenzeiten ist Radiogeplapper fehl am Platz!
- ein Tohuwabohu in der Wohnung: Es muss nicht pingelige Ordnung herrschen, aber einigermaßen übersichtlich sollte es schon sein. Eine Wohnung mit Kindern sollte kein „kreatives Chaos" sein – sonst müssen Sie mit einem ADS rechnen!
- ein unregelmäßiger Tagesablauf: Essen und Schlafengehen zu immer wieder anderen Zeiten bringt unnötige Unruhe in den Tagesablauf. Regelmäßige Abläufe erleichtern die Entwicklung eines eigenen Rhythmus, der „inneren Uhr".
- mit Spielsachen vollgestopfte Kinderzimmer. Abhilfe schafft eine Kiste, in der ein Teil der Spielsachen gemeinsam eingeräumt und für eine Weile weggebracht wird. Dadurch ist das Spielzeug immer ein bisschen neu, wenn man es wieder hervornimmt. Die Kinder freuen sich dann darüber – und man kann anderes wegpacken. Wichtig ist, dass die Kinder bei der Auswahl Mitspracherecht haben.

Die beiden Listen erleichtern die Alltagsgestaltung. Am besten besprechen Sie die Gestaltung der Lernumgebung im Familienrat. Auf jeden Fall können Sie zu Hause viel bewegen. Nicht alles muss am gleichen Tag passieren – realisieren Sie einfach immer wieder einen Punkt aus der aufmerksamkeitsfördernden Liste. Sie werden merken, wie es Ihren Kindern hilft, wie viel zufriedener sie sind. Und das wird Sie weiter bestätigen auf Ihrem Weg.

Bestimmt haben Sie schon einmal etwas bemerkt, was Ihren Kindern und Ihnen besonders hilft, aufmerksamer zu sein. Und sicher sind Ihnen auch schon Umstände aufgefallen, die nicht gut tun. Notieren Sie diese Dinge und tauschen Sie sich mit andern Eltern darüber aus.

Das hilft meinen Kindern und/oder mir bei der Aufmerksamkeit:

____

____

Das schadet meinen Kindern und/oder mir bei der Aufmerksamkeit:

____

____

____

Sich motivieren – sich überwachen – sich steuern

Sie haben schon alles ausprobiert, um Ihr Kind zum Lernen und Arbeiten zu motivieren? Sie haben gebeten, haben befohlen? Sie haben belohnt oder bestraft? Und alles blieb erfolglos? Vielleicht helfen Ihnen die folgenden Gedanken und Tipps weiter.

Arbeiten und lernen ist immer mit Anstrengung verbunden. Wie kann man sich motivieren, etwas zu tun, das Anstrengung kostet?

Die beste Motivation ist die, die von innen kommt, dann ist es die Sache, die einen antreibt, etwas zu tun. Am zweitbesten ist die Motivation von außen (durch Eltern, Lehrpersonen ...) und am schlechtesten ist keine! Motivieren Sie also so lange und so viel wie nötig. So können Sie Ihrem Kind helfen, eigene Motivation aufzubauen. Dazu kann es sogar einmal sinnvoll sein, Belohnungen zu geben für gutes Lernen. Wichtig ist jedoch, dass man das nicht immer tut, sonst nützt sich die Belohnung ab. Belohnen Sie für Lernen und nicht für Noten. Erarbeiten Sie mit den Kindern zusammen Verhaltenspläne (Ideen siehe unten).

So können Sie Ihrem Kind helfen:

- ▹ den Stoff in Portionen zerlegen (z. B. heute arbeite ich 10 Minuten daran, bearbeite eine Seite, löse 15 Aufgaben ...)
- ▹ einen Zeitplan an die Wand hängen, der zeitliche Strukturen schafft
- ▹ die Arbeitszeiten oder die Reihenfolge der Arbeiten selbst bestimmen bzw. mitbestimmen lassen („zuerst mache ich die Matheaufgaben, dann lerne ich das Gedicht auswendig ...“). Wochenplanarbeiten und Lernwerkstätten können sehr hilfreich sein, allerdings ist meist eine gute Kontrolle nötig.
- ▹ die Kinder und Jugendlichen dafür loben, dass sie sich überwunden haben. Es ist eine Leistung, sich zum Arbeiten zu „überlisten“, ganz egal, was dabei herauskommt.
- ▹ Belohnungspunkte vergeben, die als Aufmerksamkeitspunkte auf den Sammelbogen übertragen werden, z. B. Punkte für 15 Minuten lernen oder andere Verhaltensweisen, die Sie unterstützen möchten (Ordnung, Zuverlässigkeit usw.).
  Die Punkte kann man auch gegen etwas anderes Attraktives eintauschen (Kinobesuch, Eisbecher, Wunschbuch ...)

So können Lernende sich selbst helfen:

- ▹ Teilziele ins Visier nehmen: Wenn ich die Aufgabe erledigt habe, belohne ich mich mit etwas Schönem (Pause machen, etwas trinken ...)
- ▹ sich belohnen für erfolgreiches Arbeiten (mit einem Stückchen Schokolade, einem Lob, Spielen im Freien)
- ▹ regelmäßige kurze Pausen machen beim Lernen und Arbeiten
- ▹ eventuell zu zweit lernen. Manche Lerner lernen besser mit andern zusammen. Vor allem zum Abfragen bereits gelernten Stoffes kann dies wirklich sehr hilfreich sein!
- ▹ Energie zum Lernen mobilisieren durch gute Lernerinnerungen; sich erinnern an Momente, in denen das Lernen erfolgreich war (das „innere Kino“ laufen lassen).

Man kann Kinder und Jugendliche nicht für alles motivieren. Nicht immer ist unsere Überzeugungskraft erfolgreich.

Am einfachsten ist das Motivieren in Bereichen, die den Lernenden interessieren. In der Schule können diese berücksichtigt werden durch eigene Aufsatzthemen, Vorträge o. Ä. Zu Hause ist es wichtig, dass Sie sich für die Arbeit Ihres Kindes interessieren – auch das motiviert.
Als Eltern sind Sie natürlich die Nummer Eins als Motivationstrainer Ihres Kindes!

Mit der Zeit kann Motivation auf einem Terrain wachsen, auf dem man das nie für möglich gehalten hätte. Die Erfahrung zeigt, dass praktisch nichts, womit man sich wirklich beschäftigt, langweilig oder unattraktiv bleibt.

Eltern und Lehrpersonen haben oft Mühe mit der Vorstellung, dass Kinder etwas tun müssen, was sie nicht tun wollen. Ob mit oder ohne Motivation – es gibt Dinge, die muss man einfach tun. Es ist enorm wichtig, Kinder erfahren zu lassen, dass es unangenehme Dinge gibt, um die man nicht herumkommt. Mit solchen Herausforderungen müssen sie leben lernen – je eher desto besser!

Wie lösen Sie Ihre eigenen Motivationsprobleme?

Was tun Sie, um sich zu motivieren?

Was haben Sie selbst noch nie probiert, könnten sich aber vorstellen, es zu tun?

Mit TV und Bildschirm leben lernen

TV und Computer üben eine große Anziehungskraft auf Menschen aus. Jedem von uns passiert es, dass er etwas anderes laufen lässt, als was er eigentlich sehen wollte, dass man zappt und sich berieseln lässt ohne Plan und Ziel. Das ergeht Kindern und Jugendlichen nicht anders. Als Eltern sollten Sie regulierend wirken – und mit dem guten Beispiel vorangehen!

Spitzer, ein führender Neurowissenschafter hat in seinem Buch „Vorsicht: Bildschirm!"(3) die Ergebnisse der Forschung der letzten Jahrzehnte zusammengetragen. Er stellte fest, dass der Bildschirmkonsum (ob TV oder PC spielt keine Rolle) die Gehirn- und die Gesundheitsentwicklung von Kindern nachhaltig und je nach Dosis sehr ungünstig beeinflusst. **Bildschirmkonsum kann Suchtverhalten auslösen.**

Weiter wurde festgestellt:

- Vielseher sind deutlich weniger sozial.
- Sie sind weniger beweglich.
- Sie sind häufig übergewichtig und gesundheitlich angeschlagen (Alters-Diabetes, Bluthochdruck).
- Vielseher entwickeln signifikant häufiger ADS-Symptome.
- Sie haben häufiger Schul- und Lernprobleme.
- Sie lesen schlechter.
- Sie nehmen schlechter wahr.
- Sie haben häufiger Motivationsprobleme.
- Sie sind gewaltbereiter.
- Sie sind anfälliger für kriminelle Handlungen.

Der Bildschirmkonsum verhindert aber auch reale Erfahrungen, die gerade im Kindesalter enorm wichtig sind. Wer fernsieht, staut eben kein Bächlein, baut keinen See im Sandkasten, spielt nicht Fangen und schleicht nicht wie ein Indianer durch den Wald.

Bildschirmerfahrungen ersetzen keine Realerfahrungen!

Das Fernsehgerät aus dem Haus zu verbannen, muss nicht sein. Aber den Umgang mit den verflixten Bildschirmen, den muss man dringend lernen:

▹ Versuchen Sie, sich auf eine gemeinsame Handhabung des Fernsehens in Ihrer Familie zu einigen (das ist keineswegs einfach, wie die unterschiedlichen Fernsehgewohnheiten von Frauen und Männern zeigen). Lassen Sie sich als Mutter und Vater von Ihren Kindern nicht gegeneinander ausspielen.
▹ Unterstützen Sie Ihre Kinder bei der Auswahl der Sendungen. Besprechen Sie mit ihnen, was sie sehen möchten. Planen Sie TV-Zeiten gemeinsam anhand des Programms. Lassen Sie sich nicht auf endlose Diskussionen ein, sondern stellen Sie klare Richtlinien auf und überwachen Sie deren Einhaltung. Sie als Eltern haben die Erziehungsverantwortung!
▹ Machen Sie Ihre Kinder auf interessante Sendungen aufmerksam (Dokumentarfilme über Natur, Kultur ...; es darf aber auch einmal ein spannender oder lustiger Spielfilm sein). Fernsehen als Medium zur Informationsbeschaffung ist sehr interessant, wenn man es zu nutzen weiß.
▹ Schauen Sie möglichst mit Ihren Kindern fern und verfolgen Sie, was ihnen vorgesetzt wird. Scheuen Sie sich nicht, auch einmal eine Sendung abzuschalten, aber sprechen Sie mit Ihren Kindern über das Gesehene.

- Überhaupt sollten Sie immer wieder mit Ihren Kindern über Fernsehsendungen sprechen. Sie erfahren so, was sie bewegt und das gemeinsame Anschauen einer guten Sendung kann ein verbindendes Erlebnis sein – vielleicht auch in Zeiten, wo die Kommunikation nicht besonders gut funktioniert.
- Eine klare Reglementierung der Sendungen und Zeiten ist nötig: z. B. total 30 Min. pro Tag (TV *und* Computer). Je nach Alter oder spezieller Situation (Wochenende, Krankheit) kann es ausnahmsweise einmal mehr sein.
  Denken Sie daran, dass es schon viel bringt, wenn Ihr Kind während der Woche wenig „Bildschirmerlaubnis" hat! Da kann ein Wochenende, an dem es anders läuft, weil Ihr Kind vielleicht auswärts ist, schon viel weniger Schaden anrichten.
- Überwachen Sie die Zeiten und die Sendungen! Die Eigenverantwortung der Kinder und Jugendlichen funktioniert in diesem Bereich selten. Notfalls wird Bildschirmentzug verordnet.
- Die Kontrolle über den Bildschirmkonsum Ihrer Kinder braucht Energie, bringt aber viel. Den Dingen den Lauf lassen, ist bequemer. Bequemlichkeit ist allerdings nicht das Motto, unter dem die Erziehung stehen darf.
- Selber aktiv etwas zu entdecken, ist sinnvoller, als Entdeckungen am Fernseher vermittelt zu bekommen. Lieber also selbst auf einen Baum klettern, als im Fernsehen zuzuschauen, wie jemand das tut. Natürlich gibt es Dinge, zu denen man nicht in der Lage ist (z. B. Elefanten beobachten in der Steppe Afrikas). Da erfüllt das Fernsehen eine wichtige Funktion. Aber wo immer es geht, sind eigene Erfahrungen besser.
- Die Realität der Medien (TV und Computerspiele) verwischt Fiktion und Wirklichkeit und erschwert es Kindern und Jugendlichen, einen gesunden Realitätsbezug aufzubauen. Eigene Erfahrungen sind viel nützlicher.

Noch ein Wort zu den Computerspielen

Fast jedes andere Spiel ist besser als ein Computerspiel, und zwar

- weil sie in der Regel Einzelspiele sind. Der soziale Aspekt, der sonst in fast allen Spielen dazugehört, fehlt hier meist.
- weil sie ganz einseitig visuelle Funktionen trainieren, höchstens vielleicht die Auge-Hand-Koordination. Damit ist es bei vielen Spielen aber schon vorbei mit dem Training sinnvoller Funktionen und Tätigkeiten.
- weil sie zwar durchaus sinnvoll und interessant sein können, die von Kindern am meisten gespielten aber oft nicht die besonders sinnvollen Spiele sind.

Es gibt viele Gründe, Kindern und Jugendlichen den vernünftigen Umgang mit den modernen Medien zu vermitteln. Es gibt nur einen, es nicht zu tun: Bequemlichkeit.

Literaturhinweise:

So machen Sie ihr Kind medienfit von M. T. De Jong. Erschienen im Verlag Eichborn, Frankfurt (2003)
Ein übersichtliches und knappes Buch für Eltern und Lehrpersonen mit Hinweisen zu einem reflektierten Umgang mit Medien.
Vorsicht Bildschirm! von M. Spitzer. Erschienen im Verlag Klett-Cotta, Stuttgart (2005).
Ein rasant geschriebenes und verständliches Fachbuch mit neuen Forschungsergebnissen zum Thema Bildschirm und Hirnentwicklung bei Kindern.

Eine Geschichte, die das Leben schrieb

Die Eltern von Barbara waren im Januar zum Gespräch mit den Lehrpersonen ihrer Tochter eingeladen. Es ging um den Übertritt in eine weiterführende Schule, der im Sommer erfolgen sollte. Die Lehrer und Lehrerinnen eröffneten den verdutzten Eltern die aktuelle Perspektive: Barbara hatte in den vergangenen Wochen in ihren Leistungen nachgelassen und der geplante Übertritt war kaum mehr vorstellbar.

Die Eltern waren konsterniert und machten sich mit einigen ergänzenden Informationen auf den Heimweg. Es war ihnen schon aufgefallen, dass Barbara in letzter Zeit viel Zeit am Fernseher und am Computer verbrachte. Sie hatte sich verliebt und chattete mit ihrem Freund. Im Fernsehen gab es Soaps, die zu ihrem täglichen Ritual gehörten.

Angesprochen aufs Lernen, beruhigte sie die Eltern damit, dass sie genug für die Schule getan hätte. Genug bedeutete aber in diesem Fall, dass sie gelernt hatte, bis sie genug davon hatte!

Was tun? Die Eltern, selbst beruflich und politisch engagierte Menschen, dachten sich ein Experiment aus: Ab heute sollte es für ihre drei Kinder wochentags nur noch 15 Minuten Bildschirm geben. TV oder Computer, das sollten sie selber wählen. Nach gründlicher Überlegung teilten sie den Kindern ihren Entschluss mit.

Die Reaktionen der Kinder schwankten zwischen Unglauben („Haben wir richtig gehört? Ist euch ernst damit?"), Verwunderung („Wie soll denn das überhaupt gehen?") und Entrüstung („Was fällt euch denn ein!?"). Glücklicherweise waren sich die Eltern ihrer Sache sicher und es sollte ja nur ein Experiment für die nächsten 6 Wochen sein. Verständlicherweise reagierten die Kinder sehr heftig, denn sie hatten so etwas noch nie erlebt. Als „Bildschirmkind" kann man sich schwer vorstellen, wie es sich leben lässt ohne Bildschirm ...

Das Ergebnis: In den ersten Tagen kümmerten sich die Eltern um die frei gewordenen Zeiten, machten Spielvorschläge und spielten abends die eine oder andere Runde am Esszimmertisch mit. Erstaunlicherweise waren immer alle dabei und hatten Spaß daran! Dann bemerkten sie, dass Barbara des öfteren in ihrem Zimmer war, Bücher las und – oh Wunder! – auch immer wieder beim Lernen beobachtet werden konnte. Es kamen die ersten Prüfungen, die allesamt besser ausfielen als vor dem Experiment. Das wiederum bestärkte Eltern wie Kinder in diesem Experiment.

Was stellten die Eltern fest?

Das Familienleben war stressfreier geworden, obschon der Bildschirmkonsum in dieser Familie immer schon geregelt und vernünftig war. Wenn jedes der drei Kinder „seine" Sendung sehen wollte, dann war die Zeit zwischen 17 und 19 Uhr als „Familienzeit" kam mehr nutzbar. Das Abendessen konnte nur noch ganz hektisch und kaum mehr mit allen Familienmitgliedern stattfinden, weil die Sendung des einen fertig war, wenn gerade die des anderen Kindes begann. Konsequenz: Mutter und Kinder beklagten heftigen Zeitmangel. Das war nun völlig anders. Alle hatten Zeit, gemütlich miteinander zu essen, und zwar wenn das Essen bereit war.

Die Kinder nutzten teilweise ihre 15 Minuten Bildschirmerlaubnis gar nicht. Jedenfalls nicht für das Fernsehen, denn da bringen die paar Minuten wirklich nichts.

Die jüngeren Kinder begannen wieder häufiger mit Kollegen abzumachen, waren viel unterwegs und kamen müde und glücklich zurück. Barbara kümmerte sich von sich aus vermehrt um schulische Angelegenheiten. Sie bekam wieder Freude am Lernen und zwar nicht nur, weil sie gute Noten einheimste, sondern weil es mit dem Lernen eben so eine Sache ist – je mehr man es tut, desto lieber mag man es!

Die sechs Wochen Experiment sind längst vorbei. Die Familie ist bei dem Bildschirmregime geblieben, weil alle fanden, es lohne sich. Barbara findet es besser, weil alles jetzt viel weniger stressig sei. Sie habe nicht mehr dauernd das Gefühl, etwas zu verpassen und habe auch mehr Lust zu arbeiten. Ihr jüngerer Bruder findet es cool, dass er so viel Zeit „zum Abmachen" hat und der Kleinste hat sich schon daran gewöhnt.

Zu schön, um wahr zu sein? Diese Geschichte ist so schön, dass sie wirklich fast zu schön ist. Aber sie ist genau so passiert. Ob sie sich bei Ihnen so oder ähnlich oder ganz anders abspielen könnte, werden Sie erfahren, wenn Sie es ausprobieren!

Tipps

- Begrenzen Sie das Experiment. Sie können es immer noch verlängern.
- Deklarieren Sie es als das, was es ist: nämlich ein Experiment: Man ahnt, was herauskommen könnte, aber man kann es nicht genau wissen.
- Verordnen Sie das Experiment kraft Ihres Amtes. Sie sind die Eltern – Sie haben das Sagen!
- Lassen Sie sich nicht beirren, wenn Ihre Kinder die Idee „doof" finden! Wir können von Kindern der Bildschirm-Generation nicht erwarten, dass sie sich viel vorstellen können, wenn wir mit einem solchen Ansinnen an sie gelangen.
- Freuen Sie sich auf das Experiment und seien Sie selbst neugierig und aufmerksam! Beobachten Sie, was es mit Ihnen anstellt.
- Und sollte das Experiment – aus welchen Gründen auch immer – nicht glücken, dann haben Sie wenigstens für eine gewisse Zeit Positives ermöglicht: Ihre Kinder haben Erfahrungen gemacht, die sie sonst nicht hätten machen können.

„Ich habe keine Lust!"

Lernen geht nicht ohne Emotionen. Es ist also wichtig, lernen zu *wollen*. Am besten ist es natürlich, *Lust* zum Lernen zu haben, denn das bedeutet, motiviert zu sein. Dann geht meist alles gut.
Das ist nicht immer möglich. Oft ist etwas zu tun, worauf man keinerlei Lust hat. Oder haben Sie etwa Lust auf das Ausfüllen Ihrer Steuererklärung?

In den letzten Jahrzehnten wurde mehr und mehr die Lust am Lernen betont. Bunte, fröhliche Arbeitsblätter lösten graue Aufgabensammlungen ab, spannende Aufträge das sture Üben. Trotzdem wartete man in Schule und Familie oft vergeblich auf die Lernlust. Mit fatalen Folgen, denn was man nicht lernt oder übt, das beherrscht man nicht. So haben wir heute viele intelligente Kinder, die nicht lernen können, weil sie keine Lust dazu haben. Sie werden ihre Begabungen kaum je nutzen können. Sie vergrößern die Schar der Minderleister (Underachiever) und ihre Suche nach beruflicher Erfüllung ist empfindlich eingeschränkt.

Hinzu kommt ein Aspekt des Lernens selbst, der wohl immer da ist: Lernen kann anstrengend sein, herausfordernd, manchmal langweilig. Gerade beim Lernen von schwierigen Dingen ist es oft so, dass man sich richtiggehend durchkämpfen muss. Dann freuen wir uns doppelt – weil wir etwas Neues können und weil wir uns selbst überwunden haben.
Unser Gehirn ist ein äußerst leistungsfähiges Organ: Es kann viele hoch komplexe Tätigkeiten ausüben – aber nur, wenn es immer dran bleibt. Es ist wie beim Sport, wo man ständig trainieren muss, um gute Leistungen zu erhalten und zu verbessern. Eine Woche Pause ist schon spürbar. Das ist beim Gehirn nicht anders. Deshalb ist es so schwierig, mit dem Lernen anzufangen, wenn man es eine Weile vernachlässigt hat. Glücklicherweise wird es jedoch merklich leichter, wenn man einmal konsequent damit angefangen hat. Selbst ungeliebte Inhalte kommen einem näher, wenn man sich damit auseinandersetzt!
Wie viel anderes, kann man auch den Umgang mit Frustration trainieren. Lernende haben viele Gelegenheiten, in einem geschützten Rahmen zu lernen, wie sie mit unlustvollen Situationen umgehen können. Es lohnt sich, das zu lernen. Denken wir an die vielen Jugendlichen, die den sofortigen Lustgewinn suchen und glauben, ihr Frust ließe sich mit Hilfe von Drogen überwinden. Wer da nicht fähig ist, richtig abzuwägen zwischen Lust und Frust, ist in seiner Entwicklung gefährdet.

Der Umgang mit Lust und Frust ist eine wichtige Erziehungs- bzw. Entwicklungsaufgabe, die auch im Bereich Lernen angepackt werden kann. Wir sollten als Eltern und Lehrpersonen diese Chance nutzen.

Zu wenig zu fordern ist beleidigend für Lernende, zu viel fordern demotivierend ...

Hier ein paar Tipps, wie das Lernen erleichtert werden kann:

Mit kleinen Portionen beginnen ...

Wenn die Aufgabenportionen den individuellen Möglichkeiten der Lernenden angepasst sind, kann sich Erfolg einstellen kann. Ein Erfolg ist es schon, wenn man die geplanten 15 Minuten durchgehalten hat oder wenn man die Wörter beim Abfragen wusste.
Wichtig ist dann aber, dass die Ansprüche allmählich heraufgesetzt werden. Wer heute 15 Minuten bewältigt, schafft morgen 20!

Kleine Erfolge sichtbar machen ...

Damit man Klarheit darüber hat, was und wie lang man gelernt hat, ist das Anlegen eines „Lerntagebuches“ eine gute Sache. Es macht auch die kleinen Erfolge sichtbar, die man sonst nicht sehen kann. Nichts spricht dagegen, aus vielen solchen kleinen Erfolgen Belohnungen abzuleiten – das motiviert. Hat Ihr Kind z. B. zehn Mal eine vorher vereinbarte Lernportion bewältigt, darf es aus einer Liste von Belohnungen etwas auswählen (z. B. eine halbe Stunde Fußball oder Badminton mit Ihnen spielen oder sonst etwas unternehmen, was ihm Freude macht).

Feiern Sie die Lernerfolge!

Halten Sie immer wieder fest: „Schau, nun kannst du schon viel besser lesen!“ – „Prima, dass du diesmal weniger Fehler im Diktat gemacht hast!“ Sicher gibt es auch bald eine gute Note zu feiern. Es ist ganz wichtig, kleine und große Erfolge immer wieder zu benennen und zu feiern, um sie richtig zu verankern. Gerade Lernende mit Aufmerksamkeitsproblemen oder mit vielen Misserfolgen neigen dazu, immer gleich wieder zu vergessen, wenn sie etwas gut gemacht haben. Um zu erfahren, dass man selbst etwas erreichen und bewirken kann, ist es aber sehr wichtig zu merken, wenn man etwas geschafft hat. Erinnern Sie Ihr Kind immer wieder an die letzten Erfolge, die das Ergebnis einer guten Vorbereitung waren.

Erzählen Sie hie und da einmal, dass auch Sie Lernfrust kennen ...

Erzählen Sie, wie Sie damit umgehen. Natürlich sind unsere Strategien nicht immer die unserer Kinder. Aber aus unseren Strategien können die Kinder vielleicht doch etwas lernen. Mindestens wird ihnen bewusst, dass Lernfrust vor niemandem Halt macht.
Belohnen Sie Ihr Kind für seine Anstrengung

Rechnen Sie Lernzeit gegen Spielzeit oder TV-Zeit auf, gegen ein langes Telefonat mit der Freundin oder gegen einen „Ausgang“.

Schrecken Sie vor Kontrolle nicht zurück!

Viele Kinder und Jugendliche sind überfordert mit Selbstkontrolle. Verlassen Sie sich nicht darauf, dass sie ihr Lernverhalten im Griff haben. Immer wieder scheitern Schulkarrieren, weil Eltern glauben, ihre Kinder seien „alt genug“, um sich selbst in der Schule zurechtzufinden. Sehr oft versagen aber Selbständigkeit und Selbststeuerung, wenn es ums Lernen geht.
Und wenn Ihr Kind vierzehn Jahre alt und in vielen Bereichen schon sehr eigenständig ist, freuen Sie sich darüber – fördern Sie die Selbständigkeit dort, wo es möglich ist und unterstützen Sie weiter, dort, wo es nötig ist.

Wie kann ich meine Aufmerksamkeit aufbauen und erhalten?

Aufmerksamkeit ist nicht immer vorhanden, wenn man sie braucht. Gerade bei monotonen oder einfachen Aufgaben fällt es oft schwer, aufmerksam zu bleiben. Darum passieren die dümmsten Fehler ausgerechnet bei den weniger anspruchsvollen Tätigkeiten. Bei interessanten Aufgaben ist es leichter, ganz bei der Sache zu sein.

Sind in der Schule oder zu Hause langweilige Aufgaben zu erledigen, können Selbstgespräche helfen. „Innere Monologe" nennen das die Fachleute. Und so geht es:

> „Ich kann gut aufpassen und bei der Sache bleiben! Ich sehe, wie ich aufmerksam bin und freue mich, wie ich vorankomme."
>
> *Sag das zwanzigmal in Gedanken und stell dir dabei vor, wie du aussiehst, wenn du ganz aufmerksam bist. Halte dir dieses Bild vor Augen und du wirst sehen, dass diese kleine Selbsthypnose wirklich helfen kann.*

Längerfristig wird Aufmerksamkeit belohnt durch einen Schulunterricht, der nun interessanter erscheint, durch gut und schnell bewältigte Hausaufgaben, durch wenig Fehler und bessere Noten. Auf lange Sicht gesehen, kann also nichts schiefgehen.

Wie die meisten Sportler, brauchen viele Lernende mit Aufmerksamkeitsproblemen anfänglich einen Coach. Dieser begleitet sie und zeigt ihnen viele Kniffe und Tricks, um die Leistungen zu verbessern. Der ADS-Coach macht es nicht anders. Erstes Ziel des Coachings ist es natürlich, dass jeder sein eigener Coach wird. Das braucht aber einige Zeit und geht nicht von heute auf morgen.

Um vorwärts zu kommen, kann man nicht einfach einen großen Schritt tun. Man kann das Ziel aber in vielen, vielen kleinen Schrittchen erreichen. Wer sich ernsthaft bemüht zu lernen, sein eigener Coach zu sein, wird es auch schaffen. Einfach dabei bleiben und nicht aufgeben!

> Selbstmanagement ist ein modernes Wort und meint nichts anderes, als sein eigener Coach sein. Dazu solltest du ...
>
> - dich gut beobachten; dir sozusagen auf die Finger schauen
> - dir selbst auf die Schliche kommen, wenn du im Begriff bist zu kneifen
> - merken, was du gut machst und was noch nicht
> - merken, wann du aufmerksam bist und wann nicht
> - Tricks kennen, um die Aufmerksamkeit wiederzufinden, wenn sie dir abhanden gekommen ist
> - dich anleiten, dir zureden, dir Teilziele stecken, dich dafür belohnen.
>   Zum Beispiel so: „Ich schreibe jetzt einmal eine halbe Seite!" oder „Ich lerne jetzt 20 Minuten und dann mache ich eine kurze Pause!" oder „Wenn ich die Rechenaufgaben gelöst habe, gehe ich zu Kai und spiele mit ihm!"
> - nicht aufgeben – und wenn, dann höchstens für ein paar Minuten...

„Geistiges Karate" wird das genannt und gemeint ist, dass man sich innerlich stärkt, bis man sich selbst verteidigen kann – gegen seine eigene Unaufmerksamkeit!

D Punktesammelbogen, Protokollblätter, Diplome

Es gehört zu den Problemen von Prozessen wie dem Aufmerksamkeitstraining, dass sie vorbei und vergessen sind, sobald man sie abgeschlossen hat. Deshalb lohnt es sich, die vielen kleinen Schritte auf dem Weg zum Ziel, zum „Gipfel der Aufmerksamkeit", immer wieder sichtbar festzuhalten. Lerntagebücher, Punktesammelbogen oder Arbeitspässe sind solche Möglichkeiten oder Plakate an der Wand, in denen jeder Lernende seine Punkte einträgt und beobachten kann, wie er vorankommt.

Auf den nächsten Seiten finden sich Vorlagen für Punktesammelbogen, auf denen die erworbenen Aufmerksamkeitspunkte eingetragen, angemalt oder aufgeklebt werden können.
Dazu gehören auch die Punkte aus den Arbeitsblättern und aus den Spielen, wie sie in den Teilen A und B dieses Buches vorgeschlagen werden. Zusammen mit den ausgefüllten Protokollblättern lassen sie sich zu einem Trainingspass, einem Lerntagebuch oder einem Logbuch zusammensetzen.

Denken Sie sich mit den Kindern zusammen ein System aus, wie die kleinen Erfolge, die schließlich zum Ziel – zum „Gipfel der Aufmerksamkeit" führen – protokolliert werden sollen.
Am schönsten (und am erfolgreichsten!) ist es, wenn Schule und Elternhaus zusammenspannen und die Kinder und Jugendlichen gemeinsam mit Punkten belohnen. Das gibt nicht nur ein dickeres Lerntagebuch, sondern unterstützt auch die Trainingsziele.

Stellen Sie den Kindern nach längeren Trainingsabschnitten Diplome aus, nach drei Monaten z. B. das „Aufmerksamkeitsdiplom Level 1", nach weiteren drei Monaten das „Aufmerksamkeitsdiplom Level 2", dann das „Aufmerksamkeitsdiplom Level 3" und schließlich das „Zertifikat als Aufmerksamkeitsexperte", das die Ankunft auf dem „Gipfel der Aufmerksamkeit" bestätigt.
Auf der CD-ROM zum Buch finden Sie alle Diplome als PDF-Dokumente zum Ausdrucken, aber auch als Word-Dateien zum Weiterbearbeiten.

Tipps

- Trainieren und spielen Sie so weit wie möglich selber mit. Das motiviert die Kinder und tut Ihrem Hirn auch gut.
- Achten Sie darauf, dass die Kinder und Jugendlichen rasch eine Belohnung erhalten und/oder ein Diplom erreichen. So können Sie sie bei der Stange halten.
- Machen Sie die Erfolge für alle sichtbar. Für eine bestimmte Anzahl Punkte erhalten die Kinder oder Jugendlichen eine farbige Büroklammer, die sie zu einer Kette zusammenstecken und mit ihrem Namen versehen an die Pinnwand heften können.
- Als zusätzliche Motivation können die Punkte eingetauscht werden: In der Schule z. B. gegen einen hausaufgabenfreien Tag, eine vom Lehrer spendierte Pausenverpflegung oder eine Vorleseviertelstunde für die ganze Klasse. Zu Hause tauscht man z. B. gegen einen Ausflug in den Zoo, ins Museum oder eine Radtour mit Restaurantbesuch. Denken Sie sich zusammen mit den Kindern tolle Belohnungen aus!

Name:

Meine Aufmerksamkeitspunkte

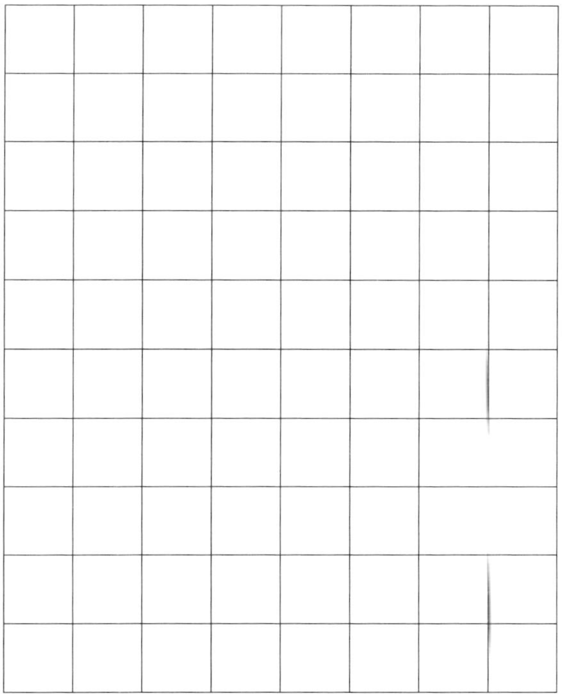

Name:

Meine Aufmerksamkeitspunkte

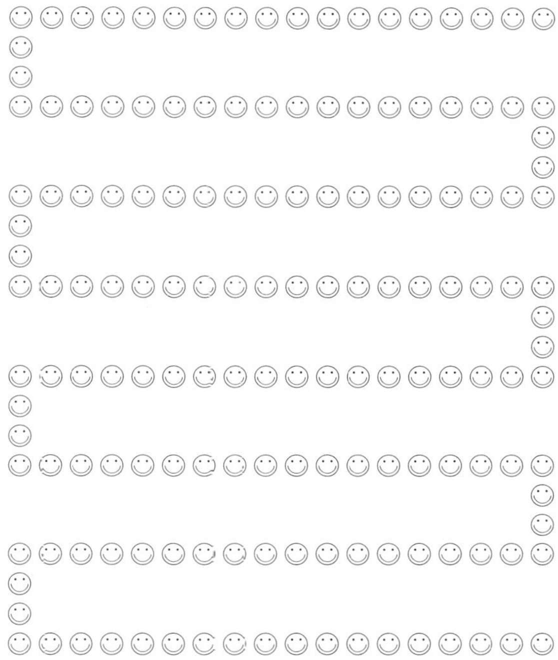

Name:

Meine Aufmerksamkeitspunkte

Name:

Meine Aufmerksamkeitspunkte

Name: ....

Protokollblatt

So viele Punkte hat mein Superhirn heute geholt:

Datum	Punkte

Datum	Punkte

Name: ....

Protokollblatt

So viele Punkte haben wir heute erreicht:

Datum	gespielt mit:	Punkte des Spielpartners/ der Spielpartnerin	meine Punkte
TOTAL			

Aufmerksamkeitsdiplom – Level 1

....

hat vom .... bis am ....

die Aufmerksamkeit trainiert

und dabei .... Punkte erreicht!

BRAVO!

Damit steigt er/sie auf Level 2 auf!

Natürlich macht .... weiter!

Wir wünschen viel Erfolg!

Ort/Datum: ....

Unterschrift der Kursleitung: ....

Unterschrift der Eltern: ....

Unterschrift des Kandidaten: ....

Aufmerksamkeitsdiplom – Level 2

....

hat vom .... bis am ....

die Aufmerksamkeit trainiert

und dabei .... Punkte erreicht!

BRAVO!

Damit steigt er/sie auf Level 3 auf!

Natürlich macht .... weiter!

Wir wünschen viel Erfolg!

Ort/Datum: ....

Unterschrift der Kursleitung: ....

Unterschrift der Eltern: ....

Unterschrift des Kandidaten: ....

Aufmerksamkeitsdiplom – Level 3

....

hat vom .... bis am ....

die Aufmerksamkeit trainiert

und dabei .... Punkte erreicht!

BRAVO!

Damit steigt er/sie auf Level 4 auf!

Natürlich macht .... weiter!

Wir wünschen viel Erfolg!

Ort/Datum: ....

Unterschrift der Kursleitung: ....

Unterschrift der Eltern: ....

Unterschrift des Kandidaten: ....

Zertifikat als Aufmerksamkeitsexperte

....

hat vom .... bis am ....

die Aufmerksamkeit trainiert

und mit .... Punkten

den Gipfel der Aufmerksamkeit erreicht.

BRAVISSIMO!

Wir gratulieren und wünschen weiterhin

viel Erfolg!

Ort/Datum: ....

Unterschrift der Kursleitung: ....

Unterschrift der Eltern: ....

Unterschrift des Kandidaten: ....

Quellen, weiterführende Literatur und Internetadressen

Hinweise im Text

(1) Lauth, G.W. & Schlottke, P.F.: Training mit aufmerksamkeitsgestörten Kindern. Psychologie Verlags Union, München, 1999.
Eine umfassende und immer wieder aktualisierte Einführung in Theorie und Praxis der Arbeit mit ADS-Kindern für Pädagogen und Psychologen

(2) Bauer, J.: Das Gedächtnis des Körpers. Eichborn, Frankfurt 2002.
Der Autor ist Neurowissenschafter und Psychiater. Er zeigt in verständlicher Weise auf, wie der Körper Informationen von innen und außen aufnimmt und integriert.

(3) Spitzer, M.: Vorsicht Bildschirm. Klett-Cotta, Stuttgart, 2005.
Ein rasant geschriebenes und verständliches Fachbuch mit neuen Forschungsergebnissen zum Thema Bildschirm und Hirnentwicklung bei Kindern.

(4) Ohm, D.: Progressive Relaxation für Kids (Buch und CD). Trias, Stuttgart, 2000.
Eine ausgezeichnete Einführung in die progressive Muskelentspannung mit Anleitung auf CD.

(5) Vopel, K.: Fantasiereisen. ISKO Press, Hamburg, 1996.
Vopel zeigt in diesem Arbeitsbuch, wie man Fantasiereisen einsetzen kann. Viele Beispiele laden zum Experimentieren ein.

Weitere Quellen und empfohlene Literatur

Lauth, G.W., Schlottke, P.F. und Naumann, K.: Rastlose Kinder, ratlose Eltern. dtv Verlag, München 2000.
Ein einfach zu lesender Elternratgeber für erste und doch umfassende Information zum Aufmerksamkeits-Defizit-Problem.

Döpfner & Lehmkuhl, U.: Wackelpeter und Trotzkopf. Verlag PVU, München, 1999
Ein nützliches Trainingsprogramm für Eltern.

Brunsting, M.: ADS lernen und verlernen. Edition SZH, Luzern, 2005.
Ein Buch für Heilpädagogen mit vielen Hilfestellungen für die alltägliche Praxis.

Aust-Claus, E. & Hammer, P.M.: Das ADS-Buch. Oberstebrink, Ratingen, 2001
Die Autoren stellen ein umfassendes Trainingsprogramm für ADS-Kinder vor.

De Jong, M. T.: So machen Sie ihr Kind medienfit. Eichborn, Frankfurt, 2003.
Ein übersichtliches und knappes Buch für Eltern und Lehrpersonen mit Hinweisen zu einem reflektierten Umgang mit Medien.

Nützliche Links

www.elpos.ch
Homepage der schweizerischen Elterngruppe für ADS (früher POS).

www.adhs.ch
Von Fachleuten kompetent geführte Website mit vielen wertvollen Hinweisen zu ADS.

www.mehr-vom-tag.de
Informationen und Hilfe für Eltern und Fachkreise.

www.ads-hyperaktivitaet.de
Website der Eltergruppe AD(H)S, Frankfurt. Informationen zu Aufmerksamkeitsstörungen und Hyperaktivität bei Kindern, Jugendlichen und Erwachsenen.